# 如何改进文风

任初轩◎编

人民日报出版社

北京

图书在版编目（CIP）数据

如何改进文风 / 任初轩编 . -- 北京：人民日报
出版社，2025. 3. -- ISBN 978-7-5115-8724-4

I . H051

中国国家版本馆 CIP 数据核字第 2025GF6682 号

书　　名：如何改进文风
　　　　　RUHE GAIJIN WENFENG
编　　著：任初轩

出 版 人：刘华新
策 划 人：欧阳辉
责任编辑：曹　腾　季　玮
版式设计：九章文化

出版发行：人民日报出版社
社　　址：北京金台西路 2 号
邮政编码：100733
发行热线：(010) 65369527　65369846　65369509　65369510
邮购热线：(010) 65369530　65363527
编辑热线：(010) 65369523
网　　址：www.peopledailypress.com
经　　销：新华书店
印　　刷：大厂回族自治县彩虹印刷有限公司
法律顾问：北京科宇律师事务所　010-83622312

开　　本：710mm×1000mm　1/16
字　　数：151 千字
印　　张：14.25
版　　次：2025 年 4 月第 1 版　　2025 年 4 月第 1 次印刷

书　　号：ISBN 978-7-5115-8724-4
定　　价：49.00 元

如有印装质量问题，请与本社调换，电话：(010) 65369463

# 目　录

**学术圆桌**

# 思想平台

# 坚持不懈改进文风

蒋熙辉

习近平总书记强调："反对形式主义，要着重解决工作不实的问题，教育引导党员、干部改进学风文风会风，改进工作作风"。文风体现作风，改进作风必须改进文风。文风不正，损害党员干部在群众心中的形象，背离党实事求是的思想路线，不利于工作开展和事业发展。坚持不懈、扎扎实实改文风，是纠治形式主义和官僚主义、解决党风方面突出问题的必然要求。

厚植优良文风的思想理论根基。我们党历来重视文风问题，延安时期就把"反对党八股以整顿文风"列为"整顿三风"的内容之一。党的十八大以来，以习近平同志为核心的党中央从加强党的作风建设的高度提出改进学风文风会风，对转作风改文风作出明确要求。切实改进文风，根本在于学好党的创新理论。只有理论功底扎实了，知识积累厚实了，肚子里装的东西多了，才能言之有物、深入浅出地讲话、写文章。必须坚持读原著学原文悟原理，坚持多思多想、学深悟透，全面学习领会习近平新时代中国特色社会主义思想的科学体系、核心要义、实践要求，深刻把握这一思想的历史逻辑、理论逻辑、实践逻辑，把习近平新时代中国特色社会主义思想的世界观、方法论和贯穿其中的立场观点方法转化为自己的科学思想方法，作为研究问题、解决问题的"总钥匙"，切实提高战略思维、辩证思维、系统思维、创新思维、历史思维、法治思维、底线思维能力，为转变文风不断汲取思想营养。

把调查研究作为改进文风的重要切口。党的历史经验证明，文风不正，危害极大。文风不正，根子在作风。作风虚浮，不触及实际问题，就会有套话；不回应群众关切，难免讲空话；不走到老百姓中间去了解实际，就容易说假话。必须坚持实事求是，绝不搞"心中无数决心大，情况不明办法多"那一套。要通过深入调查研究形成求真务实、真抓实干的作风，以转作风带动改文风。调查研究是谋事之基、成事之道，没有调查就没有发言权，没有调查就没有决策权。只有走进基层、走到人民群众中间，拜人民为师、向群众学习，才能把情况摸清、把问题找准、把对策提实，改掉对策建议大而化之、空洞抽象、不解决实际问题的文风。通过深入调查研究改进文风，还要注意学习群众语言。我们要认真倾听群众意见，深入了解群众诉求，善于用群众的语言向群众讲好党的创新理论、做好思想工作、解决好实际问题，让文风更加贴近实际、贴近群众，推动党的方针政策更好地在本地区本部门落实落地。

抓好领导干部这个"关键少数"。文风反映共产党员的党性修养，体现领导干部的能力水平。文风改不改，领导是关键。切实改进文风，重在领导带头，贵在深入持久。领导干部必须以上率下，在转作风、正学风、改文风上持久用力，在求实、务实、落实上下功夫。要树牢宗旨意识，发扬党的光荣传统和优良作风，自觉贯彻党的群众路线，不断提高政治判断力、政治领悟力、政治执行力，俯下身、沉下心、察实情，切实把改进文风体现到日常工作中。要力避"假长空"，倡导"短实新"。短，就是能短则短、繁简适度，用短文章写明白长故事、小篇幅讲清楚大道理，努力做到意尽言止。实，就是言之有物、言之有据、言之有理，既通晓上情又反映下情，善于援引事例和数据支撑论点，把抽象的理论用具体的事例和数据写明白讲清楚，反对空泛议论、空话连篇。新，就是坚持守正创新，以满腔热忱对待一切新生事物，不断拓展认识的广度和深度，运用党的创新理论研究新情况、解决新问题、总结新经验，形成干部群众喜闻乐见的文风，从而让理论更好掌握群众、群众更好运用理论。

《人民日报》（2023 年 07 月 13 日第 09 版）

# "短"中见真功

轩　荻

提倡写短文、讲短话、开短会，是我们党的一贯思想，也是改文风、转作风、树新风的一个重要体现。然而，有的领导机关和领导干部，对此却不以为然，认为文章太短，该说的话说不透，想表达的内容表达不了，也显示不出自己的水平。可见，改文风不是一件容易的事，需要作深入的思想改造。

我们党的老一辈无产阶级革命家，很注重写短文讲短话。毛泽东在《反对党八股》一文中对空话连篇、言之无物的长篇大论作过尖锐批评，称其为"懒婆娘的裹脚，又长又臭"。他的《愚公移山》《为人民服务》等许多名篇都是讲短话、写短文的典范。邓小平 1992 年在视察南方时，针对形式主义等问题也曾提醒大家："会议多，文章太长，讲话也太长，而且内容重复，新的语言并不很多。重复的话要讲，但要精简。"

网络时代，浅阅读成为一种时尚。花上四五分钟就能读完的，大家比较喜欢；而需要花上一二十分钟读完的，读者便大为减少，有的就要耐着性子看下去，有的甚至"看看标题"作罢。

冗长、拖沓而又语言无味、言之无物，是论著作文的大忌。刘勰在《文心雕龙》中说："文以辨洁为能，不以繁缛为巧。"意思是行文要做到简洁流畅，而不能只追求形式上的繁琐华美。好的文章都是语言质朴、文风清新、用词精当，以尽可能短的篇幅容纳尽可能多的内容，三言两语便点破宏旨要义，而不求辞藻华丽，更不会画蛇添足。

军队的职能任务决定了内部行文必须短而精。试想，战场上战机稍纵即逝，怎能允许繁文缛节？在抗美援朝战争中，由于敌军空中严密封锁，我军后勤保障出现了严重物资匮乏，彭德怀在给党中央的一份电报中只有 6 个字："饥无粮，寒缺衣"。字数虽少，但却将志愿军当时的处境表达得清清楚楚，胜过一些长篇大论。这样的文风很值得我们好好学习。

当然，提倡写短文，并不是说一切皆以短为好。马克思主义经典作家的许多文章也是比较长的，但那些长文里都是"富矿"，蕴藏着博大精深的内容。我们要反对的是故弄玄虚、华而不实的文章，主张不以篇幅的长短来衡量文章的分量，而是坚持该长则长、该短则短。

《解放军报》（2020 年 06 月 17 日第 07 版）

# 努力构建新时代文风

杜永道

近些年，笔者大量阅读公文等文章，感觉文风方面存在几个突出问题。

第一，长文如海。长篇公文实在太多，面面俱到，长篇大论。读来无味且费劲，像喝一海碗白开水。反观当年邓小平主政西南，给中央的报告内容丰富饱满，却仅千字，毛泽东赞叹："看邓小平的报告，好像吃冰糖葫芦！"

第二，套语过多。常读公文的人没有不熟悉下列套语的："标本兼治、长短结合、齐抓共管、横向到边、纵向到底、条块结合、真抓实干……"有的文章套语连续不断，大面积出现。说套语不会错，还省力，故"长盛不衰"，可充斥套语的公文实在沉闷，难抓重点。反观电影《小兵张嘎》中的"快板李"，喜说"大实话"："冬天冷，夏天热，见了老婆儿叫大娘……"读来诙谐风趣，令人印象深刻。

20世纪60年代，有篇文章不用套语，却震撼了中华大地。这就是《县委书记的榜样——焦裕禄》。文章选用焦裕禄原话，如"吃别人嚼过的馍没味道""榜样的力量是无穷的""韩村的精神，秦寨的决心，赵垛楼的干劲，双杨树的道路"……打动了千千万万读者。

习近平总书记常用"口头话"，彻底甩开套语，既面向大众，又着眼实效，比如："撸起袖子加油干""人生的扣子从一开始就要扣好""钉钉子往往不是一锤子就能钉好的，而是要一锤一锤接着敲"。马克思主义早期理论家拉法格在《革命前后的法国语言》里揭示，"口头话"在论说中具有重磅作用。

第三，"官话"多，分析少。有些文章由一组组连续的分句构成，排列成长长的"字儿话"火车，冗赘且官气十足，却缺少对实际问题的深入分析。如此"官样文章"，离实际问题、离老百姓，该有多远！

扭转文风不易。从根本上说，写文章是观察现象、分析难题、拿出措施。秉此朴素动机着笔，或许套语消遁。在新时代，宜倡导文章在内容上"务实"，多针对实际问题。在语言上，宜提倡自然、清新、流畅、洗练的新风，并以口语为主，在适宜处辅以书面或文言词语——既让群众好懂，又具华美文采。

期盼构建起新时代的新文风！

《光明日报》（2024 年 06 月 02 日第 01 版）

# 改进文风从研究问题开始

陈金龙

当下，文风问题之所以引起社会广泛关注和深刻反思，一个重要原因是部分文章无的放矢、言之无物，只是在冰冷的概念世界里"打圈圈"，不去触碰火热的现实世界。这样的文章无异于文字游戏、概念迷宫，读后让人如堕五里雾中，难有收获。

改进文风，很重要的突破口就是增强问题意识、坚持问题导向，在推动问题解决过程中为党和人民述学立论、建言献策。

马克思指出："问题就是时代的口号，是它表现自己精神状态的最实际的呼声"。当前我们所面临的问题是前进中的问题，是导引时代向前走的一个个路标。回顾改革开放40多年以来的历程，改革是由问题倒逼而产生，又在不断解决问题中得以深化。

新征程上，尚存制约高质量发展的堵点问题、影响社会公平正义的热点问题、民生方面的难点问题、党的建设的突出问题、各领域的风险问题等，亟待破解。这些问题与人民群众生产生活密切相关，既需要理论的精准阐释，更需要实践的有效指引。理论工作者应直面这些问题，提出破解难题的实招、硬招、妙招，而不是"两耳不闻窗外事""躲进小楼成一统"。

需要看到，我国仍处于社会主义初级阶段，经济社会发展面临的诸多问题呼唤创新性的解决方案，有些问题不能拖不能等。党的二十届三中全会《决定》提出的重要改革举措，都是奔着问题去的，体现了鲜明的问题导向。理论工作者应从自己的专业基础、知识积累和社会阅历出发，奔着问题去深挖，坚持真研究问题、研究真问题，成为研究某个问题的行家里手，在为祖国、为人民立德立言中成就自我、实现价值。

"凡贵通者，贵其能用之也。"人民群众不仅关注问题的形成、表现，更关注问题如何解决。研究、思考、解决问题，必须求真务实、实事求是。针对问题提出解决问题的正确思路和有效方法，且具有操作性、可行性，这样的文章对实践才具有意义，文章的价值才能得到体现。

《光明日报》(2024年09月18日第01版)

# 为基层干部减掉"初稿负担"

张景林

近日，有媒体报道，某地针对形式主义加重基层负担问题提出一系列减负措施，其中要求"严禁在考察考核、监督检查、起草文件等工作中，以各种理由要求地方单位起草初稿"，引发基层干部关注。

出于工作需要，上级机关起草一些文件，确实需要基层参与，听听基层的声音，集中群众智慧，借鉴吸纳基层的做法经验等，但上级机关"主笔"的角色不能错位。在实际工作中，有的把"主笔"变成找人"代笔"，动不动就让基层"拿个初稿"。比如，有的在对下级单位工作进行监督检查后，提提思路、要求，指定一个部门"汇总下情况"；有的在调查研究中，只限于到基层转、看、听，让基层干部"代想"问题、"代找"素材、"代写"

报告等，甚至还反复提出修改要求；还有的对领导到某个下属单位的讲话稿，也以"不熟悉情况"等理由，让该单位先"提供个初稿"等。本该上级机关撰写的材料，却"偷懒"转嫁、摊派给基层，为基层增加了不小的负担。

起草报告、文件，是一项政策性、思想性和业务性都很强的工作，必须要严肃认真对待。初稿是公文的基础，下级工作任务本就十分繁重，上级机关官僚主义做派，图省事，为基层干部增加了负担，基层干部对"拿个初稿"的要求又"不得不接"，耗费不少抓落实、服务群众的时间。对这种不良现象，必须要从严予以整治。

从上级机关改起严起，以作风实带动文风清。不管是起草监督检查、调查研究等报告，还是起草相关文件，必须要弘扬实事求是、求真务实精神，全面、准确、客观掌握情况，揭示事物的本质和规律问题，才能有利于下级把握良机解决问题、改进工作，更好地抓好贯彻落实，为领导干部作决策提供有益参考。要从一文一会抓起、一人一事改起，起草报告、文件等，坚持从实际出发，真正把情况摸清、把问题找准、把对策提实，让公文"短实新"、真管用，这样才能发挥以文辅政作用，推动问题解决、工作提质增效。领导干部更要带好头，既迈开腿调研，深入基层了解情况、听取意见，更要沉下心思考，亲自动手起草讲话报告，切实发挥表率作用。

　　"初稿"等额外负担减下来，才能减出基层干部的获得感、精气神。各级党组织要认真贯彻《整治形式主义为基层减负若干规定》，切实推动为基层减负落到实处，真正让基层干部从一些无谓的事务中解脱出来，有更多时间和精力抓落实，多干一些惠民利民的实事好事。纪检监察机关要紧盯加重基层负担种种现象，深化整治文山会海、督检考过多过频、任务层层加码、过度留痕等问题，推动把"应减之负"减下去，把"应尽之责"担起来，使党员干部在本职岗位上担当尽责、为民造福。

　　《中国纪检监察报》（2025年02月06日第03版）

# 领导干部要带头改进文风

## 鲁 义

风成于上，俗化于下。领导干部的一言一行，具有很强的示范性和带动性。文风转变是否彻底，关键取决于领导带头是否坚决。

当前文风方面存在的问题，表现在下面，根子在上边。有的领导干部层层画圈，习惯当甩手掌柜，过手的文件不闻不问，把关责任流于形式。有的要求别人改文风，自己却喜欢高谈阔论、夸夸其谈，抓工作不明就里、大而化之。有的思维固化、不想创新，依赖老经验，习惯老方法，喜欢老风格，画地为牢，囿于框框。上有所好，下必甚焉。领导干部缺乏自觉和行动，不愿进行自我革命，甚至对下级的文风改进不以为然，文风终归难改。

　　文风问题，究其根源是责任心缺失、政绩观错位。在个别干部眼中，与其在提高个人综合素质上下苦功夫、硬功夫，不如"以不变应万变"来得容易；与其做过细工作，把情况摸清，把问题找准，拿出实实在在的干货，不如东抄西搬、走走过场；与其动真碰硬、压实责任、一抓到底，不如当"好好先生"，落个好人缘。如此以来，初心和使命也就在各种文字游戏中渐行渐远了。

　　徙木立信，以上率下。领导干部要有带头改的自觉，以刀刃向内勇气，对不良文风来一场大扫除。要从思想根源入手，强化理论武装，坚定理想信念，经常叩问初心，及时修正纠偏，不断砥砺忠诚干净担当的政治品格。要以实事求是为本，力戒形式主义、官僚主义，破除开会、发文、考核"三板斧"的路径依赖，多多深入基层、深入群众、深入实际，多用"身影"服务，少用"声音"指挥。对一些必要的发文、讲话，要勤动手、出思路、谈看法、把好关，拿出具体务实可操作的硬招、实招。领导干部带头，以身作则，当好示范，先改起来，改实一点，推动形成一级带一级、层层改文风的良好氛围，改文风才能改出新风、改出成效。

　　《大众日报》（2020 年 05 月 11 日第 01 版）

# 从改进文风抓起

樊 蓉

　　近日，习近平总书记在甘肃兰州考察时强调，要持续整治形式主义为基层减负，让基层干部把更多时间和精力放到服务群众上。

　　一直以来，各类文件、通知、汇报冗杂繁琐，发文层层套用、语言晦涩难懂等问题深为基层干部诟病，这种"假大空"的文风其实也是形式主义和官僚主义在文稿上的一种映射，会在无形之中加重基层干部的工作负担。为基层减负须从改进文风抓起，力倡"短、实、新""简、精、净"文风，让基层干部卸下思想负担，全心全意投入工作中。

　　文风体现作风、反映党风。文风不严不实不仅影响工作落实，而且会降低党的威信。揆诸现实，一些地方在制定政策、下发文件时罔顾实际、盲目照搬，致使文件到了基层出现"水土不服"；一些文章模式化、套路化现象严重，看似洋洋洒洒，实则不知所云；能在一个文件中说明白的却要连续下发好几个文件，能三言两语交代清楚的却硬要"穿靴戴帽"、长篇大论，弄得基层一头雾水。

文以辅政，文达政通。公文是为了指导实践、推动工作，是为了把上级的政策通过文件进行转化、分解、落实，从而让政策的红利惠及更多人。公文写作不是干部"自我作秀"的舞台，不能只重视"语言优""形式美"，而忽略内容的"真、实、用"，一味地用华丽、高深的词汇点缀文笔、装饰门面，看似"高端、大气、上档次"，实际上容易让人产生陌生感、距离感；那种"欲说还休""欲扬先抑"的表达方式更是让基层费解，如此，不仅耗时费力，还容易"会错意"。到头来，还得复盘返工，折腾的还是基层，而且对解决人民群众关切的实际问题并无助益，长此以往，会引发基层干部的反感，也会失去公信力。

文风不是小事，关乎党的形象，关乎党群关系，关乎事业发展。好文风不是干巴巴讲"大道理"、命令式的说教，而是既要简明扼要，又要生动有趣，既要阐明事实，又要解决问题，做到有观点、有对策、能共鸣、能共情，让人读起来解惑又"解渴"。

改文风、优作风不仅是落实为基层减负的重要举措，也是进一步全面深化改革的重要内容。要想切实减轻基层负担就须多一些"一件直达"，让文件能读懂、能执行、能落实。下发文件、通知时要力求言简意赅、一目了然；汇报工作时要力求实事求是、全面客观，既谈成绩，又点问题；发表讲话时则要多用俗语，妙用比喻，善讲故事，多用"网言网语"拉近与基层干部、群众的距离，深入浅出、层层递进、娓娓道来，让听者愿意听、喜欢听、易接受。

事实上，华而不实的"假大空"文风之所以禁而不绝，究其原因是形式主义、官僚主义思想在作祟，是党员干部的政绩观出了问题。正所谓，"教者，效也，上为之，下效之"。上级喜欢什么样的文风，下级便会迎合跟风投其所好。为此，上级部门要坚持以身作则、率先垂范，破除形式主义，减少文山会海，真正把广大基层干部从"文字游戏"的泥淖中解放出来，让其轻装上阵、安心做事。广大党员干部也要从自我做起，敢讲话、讲真话、改文风、树新风，让清新质朴、求真务实的文风蔚然成风。

《赣南日报》（2024年09月22日第03版）

# 改文风转作风需要"两手抓"

余 蕊

"让孩子们跑起来,长得壮壮的,练得棒棒的。""政府务必带头讲诚信,新官理旧账,说话要算数。"

公文味淡了,人情味浓了。今年的福建省政府工作报告言简意赅、很接地气,引发了关注,赢得了赞誉。

近年来,这种因转文风"出圈"的例子不少。光明谈、玉渊谭天、浙江宣传、敏言……不少党媒、政务新媒体言论品牌也因活泼的语言、新颖的角度,生动传播中国好声音,备受好评。文风关乎世运,世运隐于文风。文风看似是行文风格,实则反映的是思想方法、能力水平和工作作风,折射着党风政风,事关全局。

我们党历来重视文风,历史经验证明,文风不正影响党群关系和事业发展，危害极大。

何谓不良文风？毛泽东说，形式主义就是一种很坏的文风。他曾痛斥党八股是"懒婆娘的裹脚布"又长又臭，并列举党八股空话连篇、装腔作势、不负责任等八项罪状，警示这种文风绝不可取。

言由心生。文章如果不触及实际问题、不回应群众关切，空洞无物、单调乏味，只能用官话、套话搪塞了之，那能反映出什么真知灼见？因此，不良文风会延伸出不良会风，形成不良作风，影响党风政风。

何谓好文风？习近平同志曾经给出了答案——求短、求实、求新。短，是篇幅精练、重点突出；实，是讲符合实际的话，讲反映观点的话，讲明白通俗的话；新，是力求思想深刻、富有新意，不说陈词滥调。

习近平同志在这方面做出了示范。在浙江工作时，他在"之江新语"专栏发表了232篇短评，最长不过500余字，"调查研究就像'十月怀胎'，决策就像'一朝分娩'"，"抓落实就好比在墙上敲钉子"，这些比喻生动贴切，极易入心入脑。

反之，不良文风反映出党性修养不高、能力素质不强，作风意志不够。那种不去一线调研，不听群众意见，搞出来的所谓材料，浪费时间精力，更浪费群众信任。倡导优良文风，就是在倡导脚踏实地、真抓实干的作风，推动形成更务实高效、实事求是的党风政风。

文随世变。移动互联时代，对转文风也有新要求。当下短平快的传播特点，催生出不少新文体。但过分追流量、博眼球，盲目为短而短，也产生了新式不良文体，比如满目感叹号、反问号、情绪词的"标题党"，模式雷同的"AI 文"，充斥网络"黑话""烂梗"的"互联网八股文"，等等。这些不良文体虽形式各异，但究其症结，有悖"求实"要求，还是作风漂浮。

从线下到线上，从纸上到指端，文风改进的战场更广、涉及面更宽，但改的宗旨、思路、方向始终不变。

文风源于作风，好文风的作品必定带着积淀、带着调查，承载着泥土芬芳和思考的硕果。改进文风不仅要改形式和内容，更要改思想、转作风。

没有满腔的热忱，没有眼睛向下的决心，没有求知的渴望，没有放下臭架子、甘当小学生的精神，是不可能改出好文风的。只有心里装着百姓急难愁盼，发扬"四下基层""四个万家"的优良作风，奔着解决问题去，说出百姓心里话，才能写出与时代同频、与群众共鸣的好文章。

《厦门日报》（2025 年 03 月 10 日第 06 版）

理论茶座

# 大力倡导优良文风

郭万超

前不久,《中共中央办公厅关于巩固拓展学习贯彻习近平新时代中国特色社会主义思想主题教育成果的意见》明确要求,"坚持以学正风,推动全党以自我革命精神解决党风方面的突出问题"。文风是马克思主义政党作风的重要组成部分,反映党的作风好坏,关系党的形象,关系事业成败。改进党风必须改进文风。党的十八大以来,以习近平同志为核心的党中央把改进文风列为作风建设的重要内容。大力纠正不良文风,积极倡导优良文风,对于新形势下加强和改进党的作风建设具有重要意义。

我们党历来十分重视文风问题。毛泽东同志在革命战争年代就提出,"学风和文风也都是党的作风,都是党风"。邓小平同志指出,端正党风,要从端正学风做起;端正学风,要从文风做起。江泽民同志在党的作风建设上明确提出了"八个坚持、八个反对"的要求,一再强调要纠正不良文风。胡锦涛同志强调在全党大力弘扬求真务实精神、大兴求真务实之风，要"改进学风和文风，精简会议和文件"。党的十八大以来，以习近平同志为核心的党中央高度重视文风问题，号召全党同志"努力改进学风、文风、会风"。

党的历史经验证明，文风不正，危害极大。"文者，贯道之器也。"从内容上看，不良文风表现为不触及实际问题，无新见解、空洞无物；不回应群众关切，无新办法、空话连篇。从表达形式上看，不良文风表现为"千文一面"、经常不加选择地使用"文件化"语言，或者闭门"造句"、生编"时髦话"。努力克服不良文风，积极倡导优良文风，能够节约大量时间和精力，促进真抓实干和提高执政成效，进一步密切干群关系，使党的理论、路线、方针和政策在群众中具有吸引力、感召力、亲和力。

深挖不良文风形成的根源，其背后是官僚主义、形式主义在作祟。不良文风是党性修养不高的一种表现。把党的"全心全意为人民服务"的根本宗旨抛在脑后，不是在充分听取群众意见的基础上动脑筋、想问题，而是脱离群众，习惯搞官样文章，坐在办公室凭空套观点、编事例，自然写不出接地气的好文章。好文章是从心里"流出来"的，只有"走遍千山万水、说尽千言万语、想尽千方百计、吃尽千辛万苦"，才能写出直击痛点、直达人心的文章。文风好坏，还与个人的素养、学养紧密相关。脑子里没有点东西、肚子里不装点墨水，写出来的东西难免干瘪枯燥、空洞乏味。这些现象背后的深层原因就是学习没跟上，本领没练好，出现了"本领恐慌"。

改进文风就要多写"短实新"的好文章。"短"，就是简短精练、直截了当，要言不烦、意尽言止，观点鲜明、重点突出。"实"就是讲符合实际的话不讲脱离实际的话，讲管用的话不讲空话，讲反映自己思考的话不讲照本宣科的话，讲有感而发的话不讲无病呻吟的话，讲通俗明白的话不讲故作高深的话。深入浅出，用朴实的语言阐述深刻的理论。有感而发，情真意切。"新"就是思想深刻、富有新意。这里所说的新意，既包括在探索规律、认识真理上有新发现的话，又包括把中央精神和上级要求与本地区本部门本单位实际结合起来，在解决问题上有新理念、新思路、新举措的话；既包括角度新、材料新、语言表达新的话，又包括富有个性、特色鲜明、生动活泼的话。

改进文风需要多管齐下、标本兼治。第一，各级领导干部的带头作用是改进文风的关键。实践证明，只有领导带头讲短话、讲实话、讲新话，以身作则，才能带出好文风来。所以，改进文风必须从各级领导机关和领导干部做起。第二，好学风是好文风的重要前提。给人杯水者，必心怀江河。只有当一个人的理论功底扎实了，知识储备充实了，才能做到厚积薄发、文思如泉涌、下笔如有神。党的十八大以来，习近平总书记多次强调加强学习的问题，号召全党"坚持学习、学习、再学习，坚持实践、实践、再实践"，强调理论学习要"往深里走、往实里走、往心里走，把自己摆进去、把职责摆进去、把工作摆进去，做到学、思、用贯通，知、信、行统一"。第三，调查研究是锤炼好文风最重要的环节。只有吃透实际情况，才能形成真知灼见。领导干部要走出机关，扑下身子沉到一线，灵活采用"望闻问切"，深入了解群众呼声，充分占有第一手材料，使思想和文字反映时代要求，符合现实情况。第四，增强党性修养是涵养好文风的思想基础。只有自身的德行高尚了、纯洁了，才能做到言行一致、表里如一，才能做到文如其人，栩栩如生。例如，有的文章说问题只字不提，讲成绩长篇大论，甚至任意拔高，其实就是一种态度不正的浮夸风。改进文风，就要提高党性修养。只有起笔前把"为何写、为谁写"想清楚，落笔后才能将"写什么、怎么写"做到位。

习近平总书记强调，"要转作风改文风，俯下身、沉下心，察实情、说实话、动真情，努力推出有思想、有温度、有品质的作品"。我们要清醒认识到，改进文风决不是"一阵风"，也不是轻轻松松的事情，而是一次刀刃向内的党性锤炼。只有当每个党员干部的自觉行动汇聚成一股强大清流，求真务实、清新质朴的文风才会蔚然成风。

《光明日报》（2024 年 03 月 22 日第 06 版）

# 向老一辈革命家学习文风

向贤彪

习近平总书记强调:"党风决定着文风,文风体现出党风。"好文风源自好作风、体现好作风、传播好作风。老一辈革命家是党的优良作风、优良文风的倡导者、培育者和践行者。向老一辈革命家学习好作风、好文风,形成短、实、新、活的为文和讲话风格,对于端正学风、改进文风,有着十分重要的意义。

## 短——言简意赅、一语中的

古人说,敬字惜字,字斟句酌。意思是,写文章要简洁明快,不要冗长空泛,要能够让人看了受到启迪和教益,补充知识,滋润心田。读老一辈革命家的著作,许多文章短小精悍、精彩纷呈;许多短句高度凝练、明了深刻,让人过目不忘、受益无穷。

把文章写得短些,写得精粹些,是毛泽东的一贯主张。早在1942年《反对党八股》一文中,他抨击党八股的第一条罪状就是"空话连篇、言之无物"，一针见血地指出，我们有些同志欢喜写长文章，但是没有什么内容，真是"懒婆娘的裹脚，又长又臭"。毛泽东是举世公认的文章大家，许多文章字字珠玑，堪称典范。我们熟悉的《为人民服务》一文，原是毛泽东在张思德同志追悼会上的演说稿，1953年编辑出版的《毛泽东选集》第三卷将该文正式收入。全文分为五个自然段，不到八百字。文章虽短，却紧扣"我是谁""为了谁"的核心价值问题，展示出共产党人最深沉的精神追求，鼓舞一代代共产党人完全彻底地为人民的利益去工作、去战斗。

除毛泽东外，许多老一辈革命家也都喜欢写短文、擅长写短文，用简洁明快的短句表达深刻的思想。邓小平同志在西南工作期间，1951年呈给中央五、六月工作综合报告，涉及土改、镇反、党内思想工作、经济工作、干部培养等五个方面的问题，全文仅两千多字，最少的一个方面仅百余字。毛泽东读邓小平的报告，称赞道："看邓小平的报告，好像吃冰糖葫芦。"

### 实——求真务实、管用实在

实事求是，一切从实际出发，是我们党的思想路线和制胜法宝。这一光荣传统和优良作风体现在文风上，就是从时代要求和现实需要出发，立足于发现问题、分析问题、解决问题，坚持从实践中来、到实践中去，并接受实践的检验，这样的文章才具有生命力和感染力，用于指导实践才能得心应手、运用自如。

"没有调查，没有发言权。"这是毛泽东的一句名言。他的文章之所以具有很强的现实针对性、指导性，其秘诀就在于大量的、深入的调查研究。读了毛泽东的《寻乌调查》，感觉就像一部方志，对寻乌县的地理交通、经济政治、阶级现状、土地斗争、城市商业等，都进行了详细的考察分析。

以问题为出发点、切入点，通过细致深入的调查研究，弄清问题的症结，找到解决问题的方法，在解决问题中推进工作、打开局面，既是老一辈革命家一以贯之的工作方法，也是贯穿于其文献中鲜明的主线。刘少奇在几十年的革命生涯中，注重调查研究，所撰写的大量文章都是调查研究的产物，提出了许多真知灼见。朱德的许多论著也极具针对性，从早期的《怎样创造铁的红军》到晚年的《从南昌起义到井冈山》，每一篇既闪耀着真理的光芒，又凝聚着实践的宝贵经验，因此具有很强的指导性。

近年来，各地各级持续整治形式主义、官僚主义问题，改文风取得较大成效，但有时仍能见到与实际需求相悖、于指导工作无益的文字材料，究其原因还是缺乏深入的调查研究，"闭门造车"，下笔时只能在形式上下功夫，做文字游戏来哄人。实践证明，改文风必须先改作风，下基层不做浮在水面的"葫芦"、做深扎泥土的"根须"，多到实践中、群众中汲取养料，才能写出接地气、冒热气的好文章。

### 新——推陈出新、敢讲新话

敢闯新路，反映在老一辈革命家的文章和讲话中，就是善于总结新鲜经验，敢讲新话。而这些新话都是通过深入的调查研究得出的、能够经过历史检验的，它们在历史长河中久久回荡，产生深远的回响。

毛泽东善于用凝练的语言表达全新的思想，也善于赋予传统文化以全新的内涵，使其与马克思主义基本原理相结合。"实事求是"本是一句古话，为汉代古文经学一派的治学方法。毛泽东把它"借"过来，他指出："实事"就是客观存在着的一切事物，"是"就是客观事物的内部联系，即"规律性"，"求"就是我们去研究。由此，他把实事求是提升为一种哲学认识论思想方法，进而成为我们党的思想路线的重要内涵，给我国革命、建设和改革提供了重要遵循和根本的方法论指导。

邓小平一贯提倡闯新路、讲新话。他的文章朴实无华，看似寻常和简洁的语言中蕴含着深刻的见解，鞭辟入里、一语中的，直击事物的要害。比如，他讲如何学习马克思主义，提出了"学马列要精，要管用的"要求；他讲科学技术的地位作用，仅用"科学技术是第一生产力"10个字，就作出了一个全新的理论概括。凝练的语言、深刻的见解，创造了全新的表达风格，达到了最实际、最管用、最受老百姓欢迎和接受的效果。

还有人们经常提到周恩来关于知识分子的3篇讲话，即《关于知识分子的改造问题》《关于知识分子问题的报告》《论知识分子问题》，就是因为不落俗套、敢讲新话，突破了人们对知识分子的传统看法和思想束缚，给知识分子指明了前进的方向。

文章和讲话要引人入胜、触及人心，就要有新意、说新话。没有活跃的思想，没有创新的理念，不能根据实际情况，不能突破原有的条条框框，就提不出新的观点、新的思想、新的办法。

## 活——生动活泼、引人入胜

恩格斯曾如此描述现代风格的文风：生动具体，描绘锋利，色调丰富。列宁在报刊上发表的文章，大量使用谚语、俗语等鲜活语言来揭示深刻的思想内容，他指出，共产党人"应当善于用简单、明了、群众易懂的语言讲话，坚决抛弃难懂的术语、外来语……"好的文章和讲话，一定是生动的、有趣的，才能让大家喜闻乐见、拨动心弦，在欣然的接受中受到教育和启迪。

毛泽东说："不搞一点文学，言之无文，行而不远。"使用文学化的语言表达和文采飞扬的语句，是毛泽东文章的一大特色。在《星星之火，可以燎原》一文中，针对红军中一些人面临革命低潮所产生的悲观情绪，毛泽东却以诗意般的语言描绘中国革命的光明前景："它是站在海岸边遥望海中已经看得见桅杆尖头了的一只航船，它是立于高山之巅远看东方已见光芒四射喷薄欲出的一轮朝日，它是躁动于母腹中的快要成熟了的一个婴儿。"生动形象的语言，表达了坚信革命必胜的乐观主义精神。航船、朝日、婴儿三个形象，都是拥有未来的美好事物，足以引起革命者热切期待的心情，极富感染力。

许多其他老一辈革命家的文章，也颇具文风活泼生动、感情真挚自然的特点，并能巧妙地运用人民群众喜闻乐见的俚语俗谚，让人过目不忘，深受启发。

"言语者，君子之枢机，谈何容易！"语言文字是表达思想的工具，只有生动真实才能打动人心，只有打动人心才能引起共鸣。党的十八大以来，习近平总书记在出席会议、考察参观等不同场合发表重要讲话时，金句迭出、掷地有声，"撸起袖子加油干""打铁必须自身硬""绿水青山就是金山银山"等，既通俗又贴切的语言，给人留下了深刻印象，产生了振聋发聩的宣传效果。

好文风并不高深，正如习近平总书记所说的，"只有自己的境界高了，没有了私心杂念，才能做到言行一致、表里如一，讲出的话、写出的文章人们才愿意听、愿意看。"我们要自觉从老一辈革命家身上学习优良作风、优良文风，加强理论学习和党性修养，不断提升自己的胸怀和境界，把握和运用好文章写作规律，勤学苦练、厚积薄发，这样才能适应时代要求和人民期盼，使写出的文章更好教育人、感染人、鼓舞人。

《中国纪检监察报》（2024 年 03 月 15 日第 07 版）

# 写大众明白的文章

汪曦永

马克思恩格斯在进行写作时，特别注意"用明白易懂的语言""向人民宣传哲学的内容"，从而引导群众成为改造现实世界的"实践的力量"。

1843 年初，马克思在《莱茵报》上发表《摩塞尔记者的辩护》，对普鲁士封建社会制度进行批判，呼吁保护贫苦群众的利益。为此，他收集和查阅大量文献资料，到摩塞尔河沿岸农村实地调查。马克思认为，报刊应该是人民日常思想和感情的表达者，"真诚地和人民共患难、同甘苦、齐爱憎"。因此，马克思的文章从内容到形式都反映人民的呼声。

在担任《莱茵报》主编后，马克思对青年黑格尔派提出建议："少发些不着边际的空论，少唱些高调，少来些自我欣赏，多说些明确的意见，多注意一些具体的事实，多提供一些实际的知识。"当时一些人写稿件时，调子唱得很高，内容空洞无物。对这些稿件，马克思毫不犹豫地淘汰，坚持了报纸的革命原则。

马克思恩格斯反对脱离实际、远离生活、抽象空洞的宣传，将其形容为"沙漠中的布道者"。对于青年黑格尔派脱离现实政治斗争的错误，马克思恩格斯认为，哲学是现实世界的反映，哲学思想是时代和群众的产物。他们在《德意志意识形态》中指出，"共产主义者根本不进行任何道德说教"。1844 年，鲍威尔兄弟创办了《文学报》，但普通人根本看不明白该报那些晦涩的文字。马克思恩格斯嘲讽这种语言风格装腔作势，认为这样写文章的人是在利用难懂的语言来显得自己高深有学问，其实根本没有真才实学，是不可能有所作为的。

马克思恩格斯认为，进行科学社会主义理论宣传，要在一定程度上适应宣传对象的具体情况。1867 年，《资本论》第一卷出版。为了扩大宣传，德国社会民主党人莫斯特写了一本宣传小册子。马克思认为，这个小册子是给另一类读者看的，这些读者没有兴趣也看不懂《资本论》的学术语言。为此，马克思不惜花费很大的功夫逐句修改，甚至成段地改写，然后念给身边的普通工人听，直到他们听懂了，才同意发行。

马克思恩格斯始终强调："正确的理论必须结合具体情况并根据现存条件加以阐明和发挥。"1887 年，美国工人运动重新兴起。一些人纷纷把马克思恩格斯的著作原样翻译出版。恩格斯认为，美国工人刚刚投入运动，还没有完全成熟，在理论方面比较落后，应当从具体实际出发，用新的著作来进行宣传。有人提出要把恩格斯的《反杜林论》作为小册子在美国印刷发行。恩格斯认为，这是一本纯学术性的著作，如果要用作宣传的话，必须在内容和形式上做些修改，最大程度上适应宣传对象的具体情况。

修改后的《反杜林论》，以通俗易懂的语言论述了马克思的劳动价值论和剩余价值理论，指出"这个问题的解决使明亮的阳光照进了经济学的各个领域，而在这些领域中，从前社会主义者也曾像资产阶级经济学家一样在深沉的黑暗中摸索"。《反杜林论》同《共产党宣言》一样，是一部独立的通俗著作，在工人运动中产生了巨大的反响，有力地推动了马克思主义理论的传播，成为"每个觉悟工人必读的书籍"。

马克思恩格斯对文风的重视，为无产阶级政党的理论传播提供了重要启示。中国共产党带领中国人民进行革命、建设和改革的历史，也是一部依靠宣传思想工作吸引群众、启发群众、动员群众的历史。1920 年春，陈望道完成《共产党宣言》首个中文全译本的翻译工作，正是由于他对理论的准确把握、对语言的娴熟运用、对现实的深刻观察，实现了"在诗意中包含真理，在简洁中透视深刻，在形象思维中折射逻辑思维的光芒"。延安时期，毛泽东在《反对党八股》一文中，大力提倡端正的党风、严谨的学风和新鲜活泼的文风，并历数了党八股的八大罪状。正因为党八股危害极大，所以要打倒它，抛弃它，代之以生动活泼、新鲜有力的马克思列宁主义的文风。历史证明，文风端正，不仅能维护党的形象，也能提升党的理论和路线方针政策在群众中的吸引力、感召力、亲和力，促进党群关系和事业发展。

当今时代，中华民族伟大复兴战略全局、世界百年未有之大变局发生历史性交汇，中国故事极其精彩壮丽，我们的正面宣传不缺好素材、好内容，但要把中国故事转化为中国精神、中国力量，需要有好的文风。党的十八大以来，以习近平同志为核心的党中央高度重视文风问题，号召全党把改进文风列为作风建设的重要内容，大力纠正不良文风，积极倡导优良文风。我们必须打磨好马克思主义文风这把"利器"，写文章、作宣传，要自觉贴近实际、贴近生活、贴近群众，自觉履行好举旗帜、聚民心、育新人、兴文化、展形象的使命任务，从而让理论更好地掌握群众，让群众更好地运用理论。

《中国纪检监察报》（2024 年 09 月 10 日第 08 版）

# 大力弘扬马克思主义学风文风

## ——学习习近平总书记关于学风文风的重要论述

刘荣刚　　孙　迪

习近平总书记强调："我们党作为马克思主义执政党，不但要有强大的真理力量，而且要有强大的人格力量；真理力量集中体现为我们党的正确理论，人格力量集中体现为我们党的优良作风。"党的学风文风是党的作风的重要组成部分，反映着党的作风的好坏，关系党的形象，关系事业成败。习近平总书记高度重视作风建设，大力弘扬马克思主义学风文风，对端正学风、改进文风具有重要意义。

### "学风和文风也都是党的作风，都是党风"

毛泽东指出："学风和文风也都是党的作风，都是党风。"习近平总书记要求全党进一步转变作风、端正学风、改进文风。中国共产党自成立以来，坚持把马克思主义基本原理同中国具体实际相结合、同中华优秀传统文化相结合，加强作风建设，大力弘扬马克思主义学风文风，团结带领人民为实现中华民族伟大复兴的中国梦而不懈奋斗。

作风建设关系我们党能不能长期执政、履行好执政使命。党的作风反映的是形象和素质，体现的是党性，起决定作用的也是党性。中国共产党作为一个在中国长期执政的马克思主义政党，高度重视党的作风问题。当今世界，百年未有之大变局正加速演进，我国正处在实现中华民族伟大复兴的关键时期，我们在前进道路上面临着许多难关和挑战。风险越大、挑战越多、任务越重，越要加强作风建设，以好的作风振奋精神、树立形象、赢得民心，不断开创中国特色社会主义事业新局面。

学风问题是关系党的事业兴衰成败的一个重大政治问题。学风正，则事业兴旺，党无往而不胜；学风不正，则事业遭受损害，党受到巨大挫折。理论联系实际的学风，是党的思想方法，体现着对待马克思主义的态度，反映着党的理论自觉程度和精神面貌。中国共产党把马克思主义写在旗帜上，并把理论联系实际作为党的三大作风之一。党的十八大以来，以习近平同志为核心的党中央大力弘扬马克思主义学风，坚持思想建党、理论强党，把学习作为党员领导干部提升党性修养、思想境界、道德水平的重要途径，永葆党的先进性和纯洁性。

党风决定着文风，文风体现出党风。文风与党风同社会风气是紧密相连的。一切不良文风都与党的性质和宗旨相违背，同党肩负的历史使命相背离，危害很大。不良文风降低党的威信，使党的理论和路线方针政策失去吸引力、感召力、亲和力。延安整风运动特别是毛泽东发表《反对党八股》以来，我们党一直为培育和弘扬马克思主义文风而努力。党的十八大以来，习近平总书记反复强调纠正不良文风，反对形式主义、官僚主义，在转作风、改文风方面取得明显实效。

党的光荣传统和优良作风都是激励我们不畏艰难、勇往直前的宝贵精神财富。中国共产党在革命、建设、改革长期实践中，培育并坚持了包括马克思主义学风和文风在内的一整套光荣传统和优良作风。党的作风、学风、文风三者相互依存、相互联系，是同一个问题的不同层面，合起来是有机统一的整体。光荣传统和优良作风是我们党的性质和宗旨的集中体现，是我们党区别于其他政党的显著标志，是党和人民事业不断从胜利走向胜利的重要保障。新时代，我们要继承和发扬党的光荣传统和优良作风，确保党不变质、不变色、不变味。

## 大力弘扬马克思主义学风，"做到学、思、用贯通，知、信、行统一"

2013年3月，习近平总书记在中央党校建校80周年庆祝大会暨2013年春季学期开学典礼上发表重要讲话，动员全党大兴学习之风，要求党员领导干部大力弘扬马克思主义学风。党的十八大以来，习近平总书记在很多场合都强调学习问题，号召全党"坚持学习、学习、再学习，坚持实践、实践、再实践"，要求在学习培训中坚持理论联系实际，强调理论学习要"往深里走、往实里走、往心里走，把自己摆进去、把职责摆进去、把工作摆进去，做到学、思、用贯通，知、信、行统一"。

习近平总书记关于加强学习、弘扬马克思主义学风的重要论述，内容非常丰富。我们可以从坚持理论与实际相统一、坚持知行合一、坚持学习与运用相统一等方面，探寻习近平总书记为什么、怎么样强调大力弘扬马克思主义学风。

坚持理论与实际相统一。理论联系实际的作风是中国共产党在革命、建设、改革中形成和弘扬的优良作风，也是党团结带领广大人民不断取得胜利的成功经验。习近平总书记指出，我们党的历史反复证明，什么时候理论联系实际坚持得好，党和人民事业就能够不断取得胜利；反之，党和人民事业就会受到损失，甚至出现严重曲折。

理论联系实际的前提，是学懂弄通理论。习近平总书记指出，一个民族要走在时代前列，就一刻不能没有理论思维，一刻不能没有正确思想指引。中国共产党为什么能，中国特色社会主义为什么好，归根到底是因为马克思主义行。马克思主义是我们认识世界、改造世界的强大思想武器，是我们必须普遍掌握的工作制胜的看家本领。认真学习马克思主义理论，特别是领会贯穿其中的马克思主义立场观点方法，有助于在纷繁复杂的形势下坚持科学指导思想和正确前进方向，增强中国特色社会主义道路自信、理论自信、制度自信、文化自信，不断把中华民族伟大复兴的历史伟业向前推进。

理论联系实际的精髓，在于理论与实际的"结合"。理论只有与实际紧密联系，才能发挥对实践的指导作用，实现价值和意义。习近平总书记强调，马克思主义能不能在实践中发挥作用，关键在于能否把马克思主义基本原理同中国实际和时代特征结合起来。新时代，我们要继续推进马克思主义基本原理同中国具体实际相结合、同中华优秀传统文化相结合，更好把坚持马克思主义和发展马克思主义统一起来，用马克思主义之"矢"去射新时代中国之"的"，科学回答中国之问、世界之问、人民之问、时代之问，续写马克思主义中国化时代化新篇章。

理论联系实际的落脚点，在指导实践、推动工作。理论如果脱离实际，就会成为僵化的教条，就会失去活力与生命力。习近平总书记强调："学习不是背教条、背语录，而是要用以解决实际问题。"对待马克思主义经典著作和世界社会主义运动的历史经验，要坚持学习和运用，决不能脱离中国具体实际而盲目照抄照搬。对待西方经济学、政治学等方面的理论著作和资本主义经济发展的经验，要注意分析、研究并借鉴其中于我们有益的成分，决不能离开中国具体实际而盲目照搬照套。

坚持知行合一。习近平总书记在很多场合都强调知行合一问题，要求党员领导干部从知行合一的角度审视自己、要求自己、检查自己，既要加强理论学习，走在前列，又要结合实践，干在实处。坚持知行合一，"注重在实践中学真知、悟真谛，加强磨练、增长本领"，是我们党推动中国特色社会主义事业的成功经验，也是以习近平同志为核心的党中央治国理政的鲜明特点。

对于知行问题，习近平总书记指出："'知'是基础、是前提，'行'是重点、是关键，必须以'知'促'行'，以'行'促'知'。"强调只有把道理真正弄懂了，行动才能自觉持久；只有行动上落实了，对道理的领悟才能更深入。这揭示了知与行辩证统一的关系，也阐释了两者为什么合一的问题。习近平总书记反复强调要把学到的本领运用到实际工作中去，指出："学到的东西，不能停留在书本上，不能只装在脑袋里，而应该落实到行动上。"他号召大家要力行，做实干家，"我在长期工作中最深切的体会就是：社会主义是干出来的"。

坚持学习与运用相统一。学习的目的全在于运用。习近平总书记多次提及"空谈误国、实干兴邦"，反对学习和工作中的"空对空"，并以战国赵括"纸上谈兵"、两晋学士"虚谈废务"为鉴戒。他指出："读书是学习，使用也是学习，并且是更重要的学习。"要求在学习中大力弘扬马克思主义学风，带着问题学，做到干中学、学中干，学以致用、用以促学、学用相长。

习近平总书记指出，我们处在前所未有的变革时代，干着前无古人的伟大事业，如果知识不够、眼界不宽、能力不强，就会耽误事。要发扬"挤"和"钻"的精神，多学习、读好书，从书本中汲取智慧和营养。要结合工作需要，做到干什么学什么、缺什么补什么。特别在理论学习上，要学懂弄通做实，要真学真懂真信真用，要自觉主动学、及时跟进学、联系实际学、笃信笃行学，要学而信、学而行、学而用。

习近平总书记强调，不论是新问题还是老问题，不论是长期存在的老问题还是改变了表现形式的老问题，要认识好、解决好，唯一的途径就是增强我们自己的本领。增强本领就要加强学习，既把学到的知识运用于实践，又在实践中增长解决问题的新本领。特别要注重学以致用，切实把学习成效转化为解决问题的实际能力，把党的政治理想、政治路线、政治主张内化为增强党性修养、提高思想觉悟、陶冶道德情操的自觉行动，担负起全面建设社会主义现代化国家的历史重任。

## "从文风状况中可以判断党的作风，评价党的形象"

习近平总书记高度重视弘扬马克思主义文风，指出："文风不是小事。""人们从文风状况中可以判断党的作风，评价党的形象，进而观察党的宗旨的贯彻落实情况。"2005 年 8 月，他在《浙江日报》发表《文风也能体现作风》一文。2010 年 5 月，他在中央党校春季学期第二批入学学员开学典礼上发表题为《努力克服不良文风 积极倡导优良文风》的重要讲话。党的十八大以来，他在多次讲话中都提出纠正不良文风、倡导优良文风的问题。反对"长、空、假"，倡导"短、实、新"的文风，是习近平总书记对改进文风的总要求。

一是短。习近平总书记指出，提倡短文章、短讲话、短文件是当前改进文风的主要任务。短就是要力求简短精练、直截了当，要言不烦、意尽言止，观点鲜明、重点突出。他多次引用郑板桥"删繁就简三秋树，领异标新二月花"的对联，提出写文章"能够三言两语说清楚的事绝不拖泥带水，能够用短小篇幅阐明的道理绝不绕弯子"。要求尽可能开短会、讲短话、发短文，习近平总书记对此也是躬身垂范的。他在浙江工作时为《浙江日报》撰写的"之江新语"专栏，每篇文章不过三五百字，引典籍恰到好处，讲道理浅显直白，说问题直截了当，许多思想观点至今意义重大。

二是实。实就是要讲符合实际的话不讲脱离实际的话，讲管用的话不讲虚话，讲有感而发的话不讲无病呻吟的话，讲反映自己判断的话不讲照本宣科的话，讲明白通俗的话不讲故作高深的话。习近平总书记要求，要实事求是，有一说一、有二说二，是则是、非则非，不夸大成绩，不掩饰问题。要深入浅出，用朴实的语言阐述深刻的理论。要有感而发，情真意切。他以毛泽东笔下的愚公、白求恩、张思德等为例，指出这些人之所以令人记忆犹新，是因为他们在毛泽东的心灵深处产生过激烈震荡，以至毛泽东著作中许多话语饱含深情、富于哲理，深深植入人民心里，引起强烈共鸣。

三是新。习近平总书记指出，新就是力求思想深刻、富有新意。这里所说的新意，既包括在探索规律、认识真理上有新发现、前人没有讲过的话，又包括把中央精神和上级要求与本地区本部门本单位实际结合起来，在解决问题上有新理念、新思路、新举措的话；既包括角度新、材料新、语言表达新的话，又包括富有个性、特色鲜明、生动活泼的话。在这些方面，习近平总书记著作集《习近平谈治国理政》，为我们树立了典范。该书以磅礴的理论力量、清晰的逻辑脉络、鲜活的语言风格、强大的感召力和感染力，集中反映了习近平总书记坚持和发展中国特色社会主义的大思路、大战略，是弘扬马克思主义文风的扛鼎之作。

## "立志做党的光荣传统和优良作风的忠实传人"

习近平总书记强调："广大干部特别是年轻干部要在常学常新中加强理论修养，在真学真信中坚定理想信念，在学思践悟中牢记初心使命，在细照笃行中不断修炼自我，在知行合一中主动担当作为，保持对党的忠诚心、对人民的感恩心、对事业的进取心、对法纪的敬畏心"，"立志做党的光荣传统和优良作风的忠实传人，不断增强意志力、坚忍力、自制力，在新时代全面建设社会主义现代化国家新征程中奋勇争先、建功立业"。新时代大力弘扬马克思主义学风文风，要在认真学习习近平总书记关于学风文风重要论述的基础上，着力在以下几个方面作出努力。

坚定理想信念。习近平总书记强调："坚定理想信念，坚守共产党人精神追求，始终是共产党人安身立命的根本。"理想信念是中国共产党人的精神支柱和政治灵魂，也是保持党的团结统一的思想基础。坚定理想信念不是一阵子而是一辈子的事。新时代大力弘扬马克思主义学风文风，要认真学习马克思主义理论，善于运用马克思主义立场观点方法分析和解决面临的实际问题，不断增强工作的原则性、系统性、预见性、创造性。坚持不懈用习近平新时代中国特色社会主义思想武装头脑、教育人民、推动工作，不断推动当代中国马克思主义、21世纪马克思主义深入人心、落地生根。把坚定理想信念作为党的思想建设的首要任务，教育引导党员领导干部树立正确的世界观权力观事业观，自觉做共产主义远大理想和中国特色社会主义共同理想的坚定信仰者和忠实实践者。

以人民为中心。习近平总书记强调，人民是我们党的力量源泉，我们党根基在人民、血脉在人民，必须把人民放在心中最高位置，始终以百姓心为心。人民立场是中国共产党的根本政治立场，是马克思主义政党区别于其他政党的显著标志。党的根本宗旨是全心全意为人民服务，除了最广大人民的利益之外没有自己的特殊利益。新时代大力弘扬马克思主义学风文风，要牢记党为中国人民谋幸福、为中华民族谋复兴的初心使命，用心用情用力解决好群众"急难愁盼"问题。把满足人民精神文化需求作为文艺和文艺工作的出发点和落脚点，把人民作为文艺表现的主体，把人民作为文艺审美的鉴赏家和评判者，把为人民服务作为文艺工作者的天职。坚持立党为公、执政为民，以"我将无我，不负人民"的精神境界，积极投身伟大斗争、伟大工程、伟大事业、伟大梦想的火热实践，把人生理想融入国家富强、民族振兴、人民幸福的伟业之中。

坚持问题导向。习近平总书记指出："要坚持理论联系实际的马克思主义学风，坚持问题导向，注重回答普遍关注的问题，注重解答学员思想上的疙瘩，反对主观主义、教条主义、形式主义，防止空对空、两张皮。"坚持问题导向是马克思主义的鲜明特点。新时代大力弘扬马克思主义学风文风，要坚持以我们正在做的事情为中心，加强调查研究，深入研究影响和制约高质量发展的突出问题，深入研究人民群众反映强烈的热点难点问题，深入研究党的建设面临的重大理论和实际问题，深入研究事关改革发展稳定大局的重点问题，深入研究当今世界政治经济等领域的重大问题，使研究解决问题同中心工作和决策需要紧密结合起来，更好地为提高党的领导水平和执政水平服务，努力创造无愧于党、无愧于人民、无愧于时代的业绩。

习近平总书记强调："作风建设必须以上率下，用钉钉子精神抓落实。"新时代大力弘扬马克思主义学风文风，党员领导干部要发挥模范带头作用，把学习当作一种生活习惯、一种精神追求，把学习成果落实到干好本职工作、推动事业发展上，坚持不懈用马克思主义中国化最新成果武装头脑、指导实践，增强"四个意识"、坚定"四个自信"、做到"两个维护"，为实现中华民族伟大复兴的中国梦作出应有贡献。

《学习时报》（2022 年 05 月 30 日第 A5 版）

# 改进文风贵在坚持问题导向

欧阳辉

改进文风不仅是改变文章文字的表达方式与表达风格，更是改进文章写作的目标价值与导向。无病呻吟、言之无物的文章再华丽、再规范也不过是文字的堆砌，而着眼于问题、来自于问题的文章，哪怕是大白话也有温度有力量，这就是问题导向对文风的根本意义。

坚持问题导向是马克思主义的鲜明特点。1842年5月，《莱茵报》附刊发表了《就集权问题论德国和法国》一文，马克思批评该文作者把"自己的抽象概念"偷偷塞进哲学，从而提出了问题的重要性，并强调"问题是时代的格言，是表现时代自己内心状态的最实际的呼声"。马克思主义经典作家不论是鸿篇巨制还是书信评论，都有着鲜明的问题导向。

坚持问题导向，是习近平新时代中国特色社会主义思想的思想方法和工作方法。2013年1月5日，习近平总书记在新进中央委员会的委员、候补委员学习贯彻党的十八大精神研讨班上强调，全党同志首先是各级领导干部要"敢于和善于分析回答现实生活中和群众思想上迫切需要解决的问题，不断深化改革开放，不断有所发现、有所创造、有所前进，不断推进理论创新、实践创新、制度创新"。2024年5月20日，习近平总书记在中共中央召开的党外人士座谈会上指出，强化问题意识，突出问题导向，围绕发展所需，顺应民心所向，着力解决制约高质量发展的堵点问题、影响社会公平正义的热点问题、民生方面的难点问题、党的建设的突出问题、各领域的风险问题，增强改革的针对性、实效性。所有这些不仅是对领导干部的要求，而且是对党外人士的期望，还是对党报党刊策划者和撰稿人的教诲。

这启示我们，改进文风贵在坚持问题导向，不管是策划选题还是撰写文章，都要具有强烈的问题意识。针对实践中发现的问题，以及探索中提出的问题，以历史勇气直面这些问题，以责任担当去研究问题，让这些问题得到重视和关注，以推动问题得到真正解决。

发现问题是前提。毛泽东说过，脑子里要经常装几个问题，留心观察，注意研究，不可懈怠。显然，坚持问题导向，脑子里就要不时装着几个问题。那么，问题从何而来？问题无处不在、无时不有，关键在善不善于发现问题。新时代新征程上，进一步全面深化改革、推进中国式现代化，面临的问题可谓层出不穷，也不是一朝一夕就能轻易解决好的。问题无非就是矛盾，其实不可怕。中国共产党的百余年历史，不就是一部认识问题、面对问题、回答问题、解决问题的历史吗？关键是要策划并撰写出优质文章，引导广大人民群众不要被问题吓倒，并为他们干事创业提供精神动力。

能否正确分析问题更见功力。分析问题客观要求策划选题、撰写文章，必须坚持马克思主义立场观点方法，既做到具体问题具体分析，弄清楚哪些是体制机制造成的问题，哪些是工作责任不落实造成的问题；又擅长透过现象看本质，从繁杂问题中把握事物的规律性，从苗头问题中发现事物的倾向性，从偶然问题中揭示事物的必然性。与此同时，善于抓主要矛盾和矛盾的主要方面，明确有效解决问题的主攻方向，达到"一子落而满盘活"，推进党和国家事业全面发展。

坚持以解决问题为着力点。瞄着问题去，追着问题走，善于把化解矛盾、破解难题作为策划选题和撰写文章之要。党报党刊文章中的思想和方法，只有放到解决问题的大背景中，才能创造出无愧于时代的价值。时代的格言是现实的呼声，也是历史的使命。只要心中始终绷紧问题这根弦，以解决问题为中心，注重总结一些事关战略全局、事关长远发展、事关人民福祉的紧要问题，注重反思一些带有共性、规律性的问题，就能策划并撰写出一些直抵人心、说服力强的文章来。问题解决得越彻底，中国道路就越光明，对时代格言的回应就越精彩。

《学习时报》（2025 年 01 月 20 日第 A2 版）

# 细学深悟"改进文风"的价值意蕴

## 王永杰

文风代表作风，反映党风。作为思想作风和工作作风的外在表现，文风不仅是衡量一个政党、一个组织、一个人精神风貌的重要标志，更是推动事业发展、凝聚人心、社会进步的关键因素之一。在中央层面整治形式主义为基层减负专项工作机制的大背景下，坚持不懈改进文风具有极为深远且重大的价值意蕴和实践意义。

### 传承与弘扬优良传统的题中要义

中国共产党自成立以来，一直高度重视文风建设，为培育和弘扬马克思主义文风作出诸多努力。在革命年代，"整顿文风"就被列为"整顿三风"的重要内容之一。毛泽东身体力行，率先倡导"反对党八股"，号召全党抛弃党八股，以正风肃纪的批判姿态全面树立马克思主义文风。邓小平同志一直强调"讲真话，不务虚名"，开短会，讲短话、讲实话、讲新话。江泽民在党的作风建设上明确提出

"八个坚持、八个反对"的重要思想，一再强调要纠正不良文风、狠抓文风建设。胡锦涛强调要"改进学风和文风，精简会议和文件"。以习近平同志为核心的党中央高度重视文风问题，多次强调"短、实、新"，号召全党同志"努力改进学风、文风、会风"，将"改文风"放在重要位置。这些都充分体现了我们党对优良文风的不懈努力和实践追求。

这些优良传统要永远作为指引我们前行道路的精神灯塔，就要坚持不懈改进文风，就要让党的优良传统和马克思主义文风在新时代焕发出新的生机与活力，使其成为全体党员和领导干部必备的主课、常课、必修课。只有这样，我们党所传承下来的马克思主义优良文风才能在传承中实现文风创新，在创新中实现文风的创造性转化。

为此，改进文风，传承与创新是关键。其一，要始终不渝挖掘中华优秀传统文化宝藏，将古代诗、词、歌、赋、著名演讲、优秀小说、经典散文等作品中的优秀文风发扬光大，做到触类旁通、融会贯通，巧妙化用、活学活用。其二，要深化对马克思主义文风的运用，自觉运用马克思主义的立场、观点和方法，将马克思主义理论与中华优秀传统文化相结合，实现"西学"与"中体"的创造性转化。其三，要努力推动马克思主义文风与中国文风实际相结合，实现"长与短""点与面""深与浅""理论与实践""历史与现实"的辩证统一，切实做到推陈出新、守正创新、求真务实、与时俱进。

### 提升党的执政能力与形象的必然要求

良好的文风能够有效提升党的执政能力和形象，促进党的形象和公信力的极大跃升。文风是党的作风的重要体现。改进文风有助于纠正形式主义、官僚主义等不良作风，使党的理论和政策更加贴近群众，增强人民群众对党的信任和认同。

在新时代，坚持不懈改进文风就是不断强化党性修养的集中反映。文风建设反映党性修养，党性修养观照文风建设。改进文风，要求党员干部增强党性意识，坚持实事求是，以实际行动践行党的宗旨。在数智化时代，人民群众对党的政策、理论和主张的关注度越来越高，对党员干部的言行举止也更加敏感。如果文风不实、不新、不活，不仅难以让群众理解和接受党的主张，还可能引发误解和质疑，损害党的形象。而通过改进文风，使党的文件、讲话、宣传等更加贴近实际、贴近生活、贴近群众，让人民群众能够听得懂、记得住、用得上，就能够更好地凝聚人心、汇聚力量，增强党的凝聚力和向心力。同时，简明扼要、务实高效的文风也有助于提高党的决策效率和执行能力，使党的各项政策能够更加迅速、准确地落实到位，从而提升党的执政能力和水平。

为此，提升党的执政能力与形象，必须改进文风。其一，要精准"吃透上头"。在坚决吃透党中央执政理念和执政方略上多下功夫、做足功课，始终把握世情、国情和党情，不断研究党的方针政策。其二，要始终"打通下头"。在直面基层实际上多下沉多用心，始终以群众所思所想所念所盼为出发点，找准广大人民群众思想认识的共同点、情感交流的共鸣点、利益关系的交汇点、化解矛盾的切入点。其三，要努力增进核心素养。在强化"拿笔杆"中不断锻造领导干部知识涵养、心理素养、人格修养，提高干部思想性、学理性与文学性，力争做到文法行阵排列有序、笔尖流露真情得体、群众评判真实温暖。

## 用好"六面镜子"坚持不懈改进文风

文化是一个国家、一个民族的灵魂。在新时代，建设社会主义文化强国，推动社会主义文化繁荣发展，文风改革是重要环节。

在中国共产党的文化发展史上，一直强调增强文化软实力。毛泽东同志曾多次强调，"老老实实地办事，对事物有分析，写文章有说服力，不要靠装腔作势来吓人"。报上的文章要"短些、短些、再短些""软些、软些、再软些"。"文章不要太硬，太硬了人家不爱看，可以把软和硬两个东西统一起来。文章写得通俗、亲切，由小讲到大，由近讲到远，引人入胜，这就很好"。习近平总书记强调，我们的文件、讲话、文章要"体现群众意愿，让群众愿意看、看得懂，愿意听、听得进"，这对讲好中国故事、密切党群关系、实现文化"软着陆"和"走出去"发展战略，必将产生重大的示范效应。作为学习研究习近平新时代中国特色社会主义思想的重要文献，《之江新语》除了短小精悍、观点鲜明外，语言精练、隽永也是一大特色。《之江新语》的另一个特色是善于汲取、提炼群众语言。群众的思想最鲜活、语言最生动，需要在评述新问题时进行生发、写出新意，方能为群众喜闻乐见。良好的文风能够营造积极向上的文化氛围。党员干部的文风直接影响着社会风气和文化环境，倡导清新质朴、健康向上的文风，能够带动全社会形成良好的文化风尚，为社会主义文化繁荣发展提供有力支撑。

为此，要全面推动社会主义文化繁荣发展，势必坚持不懈改进文风。其一，要善于利用文化站位"望远镜"，基于未来长远规划中国文化。高瞻远瞩、守正创新，方能描绘宏伟蓝图、谱写壮丽乐章。其二，要敢于利用舆情分析"透视镜"，基于真相深度剖析中国现实。直面真相、直抵人心，方能心中有丘壑、因地可制宜。其三，要精准利用境外媒体"显微镜"，基于历史全面挖掘中国资源。要用西方民众喜闻乐见的方式构绘中国特色社会主义文化，讲清来龙去脉、配置丰富多彩的人文图景来讲述历史故事，以"软新闻"的柔性表达方式来赢取西方主流媒体的乐享其成、津津乐道和日用而不觉。其四，要灵活运用文化生活"放大镜"，基于典型巧妙讲好中国生活。一叶知秋、见微知著，管中窥豹，时见一斑。从一滴水珠折射太阳光辉，从一个生活细节放大中国活力。其五，要积极利用境外媒体"反光镜"，基于事实全面讲好中国故事。全方位提供新闻信息，发挥西方主流媒体在报道中国消息中的反射作用；选定受众关心的话题，善于运用群众语言，客观公正务实讲好中国故事，使中国文风吹度玉门关外。其六，要乐于利用多元媒体"哈哈镜"，基于生活多面讲好中国趣事。小人物趣事最有烟火气、最接土地气。数智时代，要积极鼓励国人以数智媒体形式，创造一批富有中国特色、具有中国气派、展现中国风格的经典案例和文化素材，以真实的中华人物故事去反映、描写、刻画中华文化，从细节文风中增强故事的感染力、张扬力和吸引力。

《文汇报》(2025年03月09日第10版)

# 学术圆桌

# 官场文风改革关乎党风政风改善

周庆智

官场文风与党风政风和社会风气密切相关。官场文风正，则党风高扬，社会风气亦竞相景从；官场文风邪，则党风不振，社会风气亦群起效尤。所以，改革官场文风，就是改革党风与政风，改革社会风气。

## 一、十八大倡导，文风改革见成效

党的十八大以来，党和国家领导人倡导文风改革并率先垂范，对革除官场文风积弊起到了立竿见影的效果，党政系统以及社会各界，求真务实之风渐兴，党政军民士农工商，风气为之一变。

第一，执政理念得以端正。一直以来，庸政、懒政、怠政现象存在于一些党政干部职权行为中，表现在文风上，空话、套话、假话成为一些党政干部职权活动的一部分。文风上，虽以忠诚为党、执政为民等政治正确语汇作标榜，但本质上只是文过饰非的官戏而已。党的十八大后，党和国家领

**学术圆桌**

导人推动文风改革且身体力行，加之对"为官不为"的强力整治，以及落马腐败官员两面性文风所起到的警示效应，党政干部端正执政为民的理念，官场文风发生了向求真务实作风改进的正向变化。

第二，官僚主义作风有所收敛。官场不良文风与官僚主义是一体两面，有官僚主义必有官场不良文风，反之亦然。现实中，一些党政领导干部官话连篇、脱离实际，热衷于官威和官气。党的十八大后，通过群众路线教育实践活动，对官僚主义作风形成警示和震慑，来自基层一线的调研报告显示，党政干部求真务实之风上扬，官僚主义做派的追随者在减少。

第三，形式主义得到遏制。形式主义是一些官员维护权威的看家本领——文风成为粉饰官威和官气的符号形式。笔者曾经在社区街道调研，观察到个别基层部门热衷于定制度、定方案，搞"形象工程"，工作围着材料转、材料围着会议转，责任书、责任状满天飞，围绕着各种文牍主义和形式主义而标新立异，名曰"治理创新"，但基层社区的实际问题却被晾在一边。党的十八大后，勤政为民成为衡量党政领导干部的行为标准，问责机制随之跟上，加之社会监督力度的加大，官场风气包括文风和社会风气，一改从前，进步很大。

第四，"文山会海"得到整顿。文山会海是浮躁文风之载体。会议多必造成文件多，并且，重复的、交叉的、可有可无的会议，必然形成文风的长、空、假，致使无实质内容的文件大行其道。几年前，笔者在某县调研，获知县委书记用一篇讲话稿，可以讲遍几个乡镇，因为只需要把讲话稿的抬头称谓即乡镇的名字变换一下就可以了。但在县委书记讲话之后，马上会产生数不清文件材料，诸如通知、学习、经验总结材料等如流水线一样迅速传递到所有干部的手上。党的十八大后，中央八项规定提出，要精简文件简报，切实改进文风，没有实质内容、可发可不发的文件、简报一律不发，"文山会海"现象有所收敛，但因体制制度原因，要从根本上遏制"文山会海"，尚需再接再厉。

第五，社会风气走向看好。在中国社会，存在两个话语体系：（大传统）官方正式话语体系和（小传统）民间社会非正式话语体系。这两个话语体系虽不互通，但前者对后者具有支配性影响和引领作用。在今天的新媒体社会，官员的行状及文风，随时会被放大，"成也萧何，败也萧何"，其社会价值和社会风气的引领作用不可低估。党的十八大后，以反"四风"对照检查，官场文风有所好转，这直接关系到民心向背和社会风气的改善，比如，老百姓的参与意识不断增强，从对政府政策漠不关心，到踊跃参与到政府决策和执行过程中，官民互信得到提升。官场不正文风不得人心，反过来，社会风气提升又推动官场文风不断改善和进步。

## 二、找出官威官气根源，铲除官场文风痼疾

当前，官场文风的载体是由会议和文件贯穿在一起形成的。这种文风所表达的符号意义，是一种权威仪式，即通过不断地、重复地展示这类符号，内嵌于其中的权威（官威）或权力支配关系便得到了强化。

第一，"官本位"文化。在旧时代，官员通过垄断官场话语体系——文言文的表达和叙事方式，拥有"话语特权"，拥有一套自身运行的言语规则。这种话语特权和言语规则排斥大众政治参与，使政治成为少数人的事情，只适用于一个相对封闭的政治精英圈子。但经历了现代政治文化的洗礼，政治精英深谙权力的公共性质，或者说，政治系统的开放，民主政治的驯化以及社会的开放，使官员的话语特权大不如前，但官本位文化滋养的官场文风并没有随之改变，一方面，官僚制固有的成文规则，使官场文风披上了"科层理性"的合法外衣，另一方面，官本位文化一直顽强地存在于官民日常生活当中。也就是说，官本位文化抚育的"官气十足"的

文风，一直没有根本铲除。亦即，唯长官是从的官场习气和严官民之辨的人治传统一直存在于官民的政治认知中。

第二，官僚主义。官场不良文风盛行亦是把功能与形式混同一理的官僚主义惯常方式之一。据笔者对县党政干部长期深入的观察，会议形式是县党政领导及各职能部门负责人非常迷恋且乐此不疲的行政手段之一。一些党政官员奔走于各个会场，一个会议刚结束，马上奔向另一个会议地点。领导赶着做报告，秘书忙于写材料，行政活动"忙而不乱"。诚然，几乎所有的官僚制组织无不是以各种规章、条例、会议、报告、文件等行政形式为其运行表征，所不同的是，有的是为完成行政事务所必需，有的则可能是为"制造工作"所炮制。但不管哪一种形式，都是以合法化机制和规范化伦理与纪律作为支持。因此，这就产生一个悖论：强化政府的行政能力差不多就是强化政府的各种行政形式，而对行政形式的强化又极易使政府陷入官僚主义的泥潭之中。

第三，文牍主义。文牍主义是指以原本作为管理手段的文牍案卷掩饰、遮蔽工作目的本身，惟烦琐、因循的程式化、形式化文书、表格为上，不务实际、不求实效的管理作风。把文牍工作当作"头等大事"，以文件材料为考核唯一标准，这凸显文件具有的政府运行的文牍主义含义。简言之，文牍习气由各种层层转发再转发的文件，和那些密如织网的盖章又盖章的审批文构成，成为官场风气败坏的诱因之一。

第四，"文山会海"现象。一些干部沉溺于繁文缛节、疲于应付各种会议和起草领导可能出现在任何场合的讲话稿以及无以名目的文件。"文山会海"也体现了"权力的傲慢"倾向：会议内嵌其中的权威关系，成为某些官员权力欲的心理满足方式；文件则将权力支配关系不断地、重复地印刻在文字所表达的权威符号上。如此，"文山会海"成为党政干部的业绩表现形式之一。文件和会议的泛滥致使文风浮躁且少有实质内容，庶几沦为"皇帝的新装"。概言之，"以会议落实会议，以文件落实文件"的"文山会海"，乃是官场文风败坏的根源之一。

## 三、文风改革，以营造民主风气为先

官场文风良否，兹事体大。历史上有"以吏为师"的认知，官吏行状及其文风一直被上升到治国安邦的政治高度上。近代以来，经过政治民主化的洗礼，官吏一变而为公仆，公仆为人民服务，师范意义更为广大，且关乎政权的合法性以及政府的公信力。

凡官僚制，必有"成文规则的运营"，意指高度依赖条

**学术圆桌**

例和规定来管理组织的等级制权力。这会导致命令主义、文牍主义、形式主义的文风特性风行于官场当中。官场文风直接关系到党风与政风、社会风气的走向。鉴于此，端正官场文风，必须将其置于民主、法治和社会监督的制度约束之下。

第一，行政民主。乃指行政权威的合法性建立在政府的公共政策能够广泛代表不同公众利益的基础上。其一是民众知情权。如果官员拥有垄断信息的特权，便可以在他与民众之间筑起一道高墙：一方面权力可以为所欲为；另一方面官员具有暗中行事的特权。民众有知情权，可使密不透风的官场得以洞开，自然起到阻遏官僚主义文风的功效。其二是民众参与权。参与是一种民主、理性的官民互动方式，可使官场之命令主义和教条主义失灵，庶几民主可成为净化官场文风的一种公共生活方式。其三是官员问责制。假话、空话、套话文风之所以流行，问责机制效果不彰是原因之一；官员浸染官威和官气而不自知，这是后果之一。概言之，官场文风败坏的根源之一是行政民主贯彻不力，所以，民众通过有效的制度安排实现实质性参与公共政策的制定过程，乃是治愈官员擅权致使文风败坏的民主良方。

第二，法治约束。整饬官场文风，靠言传身教或运动式治理方式，可以端正于一时，但长远来看还是要法治思维和法治方式；再者，指望官员自身的政治修养和道德修养，就能营造求真务实的文风，是迷信人治思维和人治方式的一厢情愿。因之，端正官场文风，当从法治入手。原因如下：其一，法治约束权力。法治意指官员权力来自民众的委托和授予，必须接受民众的监督和约束，使权力的合法性扎根于社会之中，同时，官员必须明白自身只是、也只能是社会公共生活的捍卫者和召集人。其二，依法行政。一是让官员明白他手中权力的唯一用途，是为公众服务；二是让官员明白他手中权力的来源在社会而不是上方，为民众负责是其职权所系。做到上述两点，官员的权力就具备了"公共性"或公共性质，也就没有可能用空话、套话、假话来回应民众的诉求而专注于一己私利。

第三，社会监督。不良官场文风以空话、套话、假话为特征，畏惧见诸公意，因为，它没有实际内容、充满官威和官气的文风，与政府的公共性质及其肩负的公共责任格格不入，与社会大众的生活甚少关联。如此，一方面以空话、套话、假话来编织政绩之网，欺上瞒下，换取一己之私或小圈子利益；另一方面对群众意见，以公权进行防控。古训云"防民之口，甚于防川，川壅而溃，伤人必多"，不良文风没有民意基础，它或蒙蔽民众于一时，但无法防民意汹涌于

**学术圆桌** •

万一。因此，端正官场文风，让民意监督发挥作用，"为川者决之使导，为民者宣之使言"，建构政府的合法性于社会监督的民意诉求之中。

《人民论坛》（2018 年第 4 月上期）

# 政治话语文风转变视角下
# 中国特色学术话语的构建

张胜利

学术话语是一个国家文化软实力的重要组成部分，蕴含该国的价值取向和文化观念。我国学术话语水平的高低直接关系着在国际学术领域里中国形象塑造和中华文明展示成功与否。但正如习近平总书记在 2016 年哲学社会科学工作座谈会上明确指出的，目前我国哲学社会科学"在学术命题、学术思想、学术观点、学术标准、学术话语上的能力和水平同我国综合国力和国际地位还不太相称"。中国学术话语存在着不少问题。同时，自党的十八大以来，政治话语的文风转变为构建"中国特色、中国风格、中国气派"的学术话语带来了很好的启示。

## 一、当下中国学术话语存在的问题

通常意义上，学术话语是指一个国家的学术工作者在学术研究、传播和交流等活动中按照一定范式所进行的学术表达，体现了相应的学术思维方式和语言风格，对学术领域的生产和学术氛围的营造有着直接影响。中国几十年的社会主义实践取得了伟大成就，哲学社会科学建设也取得了长足进步，中国学术话语的整体水平在不断提高的同时还存在着一些问题，与我国的综合国力还不太匹配，也不太适应新时代的新特点、新形势，还需进一步发展完善。

（一）对西方学术话语的"学徒"状态

改革开放以来，随着国际学术交流的快速发展和不断扩大，中国开始大规模学习西方理论并引进各种西方学术著作。在很长的时间里，西方学术话语体系被奉为圭臬，有些学者在研究和讨论中国问题时也必搬运西方经典、必与西方接轨，认为这才是权威，使我们的学术话语不断西化。国内一些学科领域对西方学术话语体系和研究方法表现出全盘接受和盲目信从，其进行学术研究的体系是西化的，所使用的术语、概念、框架和范畴等基本上都来源于西方。在学术研究方面基本停留在横向、低水平的重复性研究，不少是对西方思想理论的翻译和简单搬运，这种不加批判和不经严格甄别的吸收，使中国学术话语在面对西方时极为被动，常常处于一种"学徒"状态。这些现象和甘做西方学术学徒的心理不仅削

**学术圆桌**

弱了马克思主义的思想和方法，还使中国自身的思想文化和学术话语遭到忽视。

诚然，西方思想理论不仅属于西方，而且是全人类思想文明的重要成果，对整个人类思想和学术发展有着巨大贡献。以西方思想理论为奠基的西方话语在一些领域和一些方面，对促进中国思想文化的发展和学术话语的建构有着很好的借鉴作用，但同时又必须认识到西方学术思想和话语具有局限性，绝不是凌驾于其他文明之上，放之四海而皆准的。众所周知，我们对生活世界的表述和交流必须要借助概念框架才能完成。西方的学术话语是西方人长期以来对实践生活的感受、思考和总结，这种西方人对生活经验的思考和总结，既有普遍性也有特殊性内容。我们必须要批判性地厘清两者的区别，弄明白西方理论和学术话语体系中哪些东西是可以通约，哪些是不可通约的；哪些可以用来借鉴，哪些需要剔除。如果一味地生搬硬套，纯粹用西方思想观念和话语范式来分析和述说中国经验和现象，往往会得出扭曲、滑稽甚至离题千里的结论。

毋庸置疑，中国人在中华文明发展过程中积累并形成了自己独特的民族经验和体验，这是无法用任何其他民族和文明的话语来完整表达的，它必须由植根于本土的中国话语来言说，这种言说与经验有着内在的一致性。因此，当今中国学术研究和话语必须要改变"学徒"状态，摆脱对外在权威的依赖，提升自主性。

### （二）学术话语与政治话语的疏离

学术话语还存在一个突出问题是与政治话语的疏离。当下一些学者在进行学术研究和交流时远离主流话语，片面和武断地将那些用马克思主义原理进行学术表达的行为贬斥为"投机"和"不学术"，甚至还以之为耻。这种非理性的思维与一味排斥西方学术成果的极左思维在本质上是一样的，属于一枚硬币的两面。

好的学术话语应保持开放的姿态，兼容并蓄，更重要的是学术话语总是与政治话语联系在一起的，两者的割裂属于不正常和不健康的状态。综观西方发展史可以发现，自文艺复兴和启蒙运动以来，西方国家的科学技术取得了突飞猛进的发展，由此也确立了西方国家在世界格局中的优势地位。正是一个个西方哲学思想家和西方发达的哲学社会科学解放了人的思想，造就了西方世界的话语体系。像"民主、自由、平等、人权"等理念，正源于霍布斯、洛克和卢梭等哲学家们的哲学理论和思想成果。

**学术圆桌** ●

　　实际上，一个国家价值观的建构、宣传和认同，需要学术思想作为理论背景，其政治话语需要学术话语体系来阐释、表达和传播，而学术话语则需要政治话语的引导。一些学者对学术话语体系与价值观之间的关系存在认识误区，他们不认为两者之间有关联，还会片面地把两者割裂开来，认为学术领域里存在的是纯粹的理论思考和学术研究，是一种中立和客观的行为，并不含有价值的倾向性。这种看似科学的观点不仅没有认识到话语体系本身的价值属性，而且具有极大危害。话语总是含有其言说主体的主观意志，西方发达国家正是挟经济和军事之势，通过其霸权的学术话语体系对其他发展中国家进行价值干预、输出和渗透，所谓的普世性原则都是按照他们的利益取向来定义和塑造的。当国内一些学者全盘接受西方思想观念，不加批判地运用西方学术话语体系时，他们往往自觉不自觉地成为西方价值观的接受者、传播者和维护者。

　　西方价值观内化带来的另一个后果就是否定中华优秀传统文化和马克思主义的指导地位，否定中国共产党领导中国社会主义实践所取得的伟大成就，最终否定中国特色社会主义理论、制度和道路。由此可见，全盘西化的学术话语不仅不能为政治话语提供学理支撑或解释，反而会抵制或消解政治话语的价值宣传，威胁政治话语的主导地位。

（三）学术话语与中国实践的脱节

学术话语的产生和健康发展总有其不可或缺的土壤，而不是凭空就有的。当前时代是一个社会大变革的时代，互联网应用的不断深入和科技的飞速进步正深刻改变着社会发展进程和人们的生活。如果说以前是"三十年河东，三十年河西"，现在可以算是"三年河东，三年河西"，甚至更快，中国也正发生着前所未有的变化。

但有些学术工作者却一头扎进书堆，闭门造车，对中国现实国情和社会变迁视而不见，沉迷于各种抽象的理论框架和概念体系不能自拔。这样的学术研究和阐述完全背离了实践，不仅于国于民无益，还浪费了大量社会资源。"问渠哪得清如许？为有源头活水来"，如果学术研究不能立足于中国自身的土壤，不能深入当下的社会现实和到人民群众中去，不能切诊中国问题并提出有针对性的解决方案，那么我们的学术话语就没了源头，丧失了活力和生命力，因为这样的学术话语既不能为政治话语提供学理支撑和阐释，又不能提升生活话语，无法发挥其在话语体系中应有的功能。

综上可见，当下中国的学术话语在一定程度上还远离政治话语并脱离了中国的具体实践。要解决上述问题，需要构建顺应时代的中国特色学术话语，而中国政治话语文风的转变为这种构建提供了很好的视角。

## 二、党的十八大以来中国政治话语文风的转变

政治话语，顾名思义是指在各种政治活动中的政治性表达与交流的话语，包括政府报告、政治会议、政治演讲、政治媒体宣传、政府各部门颁布的政策法规或文件等。当下中国政治话语是由中国共产党主导的，反映了当前时代背景下党的路线、方针和政策，全体成员参与交流和互动，以最广大人民群众利益为最高政治目标的话语体系。自党的十八大以来，以习近平同志为核心的党中央一直在不遗余力地树立新文风，带头进行政治话语创新，使新时代中国政治话语建设取得了丰硕成果。

习近平总书记很早就关注政治话语存在的问题并亲力亲为地推动文风转变，他在中央党校 2010 年春季学期第二批入学学员开学典礼上曾鲜明地指出："当前，在一些党政机关文件、一些领导干部讲话、一些理论文章中，文风上存在的问题仍然很突出，主要表现为长、空、假。"这不仅指出了政治话语存在问题的三大特征，也将政治话语表达与文风联系在

了一起，号召广大领导干部努力克服不良文风，积极倡导优良文风。自党的十八大以来，习近平总书记在国内国际等不同场合面对不同听众发表了数百场讲话，语言平实、语调优美、形象生动、风格亲民，其鲜明的文风令人耳目一新，引起了强烈反响。

概括来说，习近平总书记的文风具有问题导向和亲民性等特点。一篇文章、一场讲话，重要的是有的放矢，有针对性的具体问题，而不是言之无物，空话套话。习近平总书记强调要"敢于和善于分析回答现实生活中和群众思想上迫切需要解决的问题"，他的讲话或文章从来都是主题鲜明，突出具体问题，观点鲜明，决不兜圈子，也不回避或模糊现实矛盾。中国特色社会主义事业已经进入了新阶段，在不断取得新成就、新发展的同时，也会不断涌现出新情况、新问题。有了问题意识才有可能很好地发现问题、分析问题和有针对性地解决问题。可以说，习近平总书记文风的"问题性"特征极大影响了广大领导干部的政治话语，很好地推动了实事求是与实干兴邦的工作作风。

众所周知，密切联系群众是中国共产党的三大作风之一。但如果政治话语拿腔作势、卖弄学问、官味十足，就不能与群众形成很好的沟通，最终会脱离群众，失去感召力。习近平总书记的话语风格亲民，非常接地气，像"打铁还需自身硬""小康不小康，关键看老乡""照镜子、正衣冠、洗洗澡、治治病"等表述广为流传，这充分体现了习近平总书记极富个性化的语言风格和独特的语言魅力，广大受众不仅听得懂，还爱听、易接受和受启发。这是政治话语、学术话语与生活话语三者之间的融会贯通，使问题的阐释和表达既有深度和高度，也有温度和可接受度，在人民群众中有着很强的感染力。

学术话语需要政治话语的引导，习近平总书记的文风体现了新时期政治话语的重大转变，这种转变也给新时期中国特色学术话语的构建提供了极其重要的示范和借鉴意义。

## 三、以改进文风来推动中国特色学术话语的构建

文风就是指文章体现的思想作风，不仅反映了作者的语言运用能力、思想认识水平和作风问题，也体现了某种倾向性的社会风气。自中国共产党成立之日起，中国共产党人就始终将文风建设作为重要的党建任务。毛泽东在延安整风运动中的名篇《反对党八股》便是整顿文风的纲领性文件，文中不仅列举了党的文风有"空话连篇言之无物"等八大罪状，还明确指出了要建设"生动活泼、新鲜有力的马克思列宁主义文风"。习近平总书记高度重视文风问题，提出要提倡"短、

实、新"文风。可见文风建设在党的历史上是一脉相承，不断丰富发展的，对推动党风和政治话语建设起到了至关重要的作用。那么在新形势下，如何借鉴党的文风建设经验和成果，通过文风的改进来推动中国特色学术话语的构建呢？

第一，文风要有民族性。生生不息的中华民族创造了五千多年的灿烂文明，中华优秀文化传统源远流长，为全人类作出了独特和卓越的贡献。俗话说"一方水土养一方人"，中国学术话语必须要摆脱对西方学术的依附和"学徒"状态，不能"数典忘祖"，要具有体现中华文明的学术主体性。语言总是具有民族性的，文风和学术话语的转变，需要从中国传统文化中吸取养分。一个民族之所以成为一个民族，不是因为这些人居住在同一个地方，而是因为这些人具有共同的社会实践和历史体验，并共同创造和享有独特的文化和精神。

中华民族的劳动人民在几千年绵延不绝的历史进程中，用自己的劳动和智慧共同创造了灿烂的中华文明。作为更基本力量的文化自信正源于这种无比深厚的历史底蕴。因此，无论是学术研究还是政治理念，需要继承和弘扬这种民族文化传统。然而，这不是简单的"复古"。当下有一些学者跟不上社会发展的步伐，食古不化，一味模仿古人，试图照搬旧有的概念范式来解释和解决当下的问题，这种刻舟求剑的

**学术圆桌**

做法无法适应当下学术研究发展的潮流和人们的思维习惯，注定要被新时代所淘汰。习近平总书记高度重视继承和发展中国优秀文化传统，高屋建瓴地指出："要推动中华文明创造性转化、创新性发展，激活其生命力。"学术话语建设正是要领会和遵循这"两创"方针，厘清精华与糟粕，推陈出新，并结合当前时代和国情对传统文化中优秀部分进行内涵的延伸和拓展，与时俱进地转换表达方式，这样才能孕育出有生命力的民族性特色话语。

第二，文风要有人民性。这主要包含两层意思：一是学术研究和学术话语必须要有问题意识，能够契合和表达人民群众的重大关切。马克思曾经说过："一个时代的迫切问题，有着和任何在内容上有根据的因而也是合理的问题共同的命运：主要的困难不是答案，而是问题。因此，真正的批判要分析的不是答案，而是问题。"存在决定意识，真真切切的生活才是思想的源泉，学术的创新和发展都是从对各种问题的认识和思考开始的。这就要求学术工作者不能关在书斋里纸上谈兵，而是要把眼光和步伐深入到社会现实，深入到人民群众中去，要真实考察和感受群众都在热切关注哪些问题。这些产生于中国现实的各种问题才是学术研究应关注的着力点，也只有在关注、思考和解决这些中国自己的问题的过程中，才会激发出中国学术话语的主体性和原创性。二是学术话语要向人民群众学习。学术话语绝不必然是呆板、枯燥和晦涩的，相反，新时代更需要活泼、灵动和易懂的话语。好的学术话语一定是真实、生动、形象而深刻地表达了我们特有的经历、理念和文化，既有专业性又能接地气，能让别人易于听懂和接受，从而形成较强的影响力。而关于语言的创造和表达，毛泽东在《反对党八股》中精辟地指出："要向人民群众学习语言。人民的语汇是很丰富的，生动活泼的，表现实际生活的。"众所周知，人民群众是历史的创造者，有着丰富的生活经验和无穷智慧。学术工作者要能深入群众，虚心向群众请教，仰望星空与脚踏实地两相结合，实现学术话语与生活话语的融通，才能真正创造出有深度有思想的研究成果，说出有温度有吸引力的话语。

第三，文风要具有时代性。语言的范式、话语的形式和文字的表达都是在时代背景下孕育而生的，有着鲜明的时代特征。当前各种新兴话语及其表达层出不穷。过去几百年的话语变化可能在当下这个时代只需要十几年、几年甚至更短的时间就可以完成了。因此，学术话语的改进离不开时代情境，必须要打破因循守旧和自我封闭的传统思维，要勇于"走出来"与纷繁多样的新话语和新思潮进行充分的碰撞与交流，并在这种碰撞与交流中铸就自身。

从整体上看，时代就是个大熔炉，一切话语都应放进这个大熔炉里去不断锤炼、校正和检验。一种话语和思想能不能得到最大程度的传播和认同还是要看有没有符合最广大人民群众的利益，有没有顺应历史发展的潮流。无数历史事实证明，但凡是扎根于时代，从时代的土壤里生长出来的话语，自然也深刻地反映了那个时代。值得一提的是，经济全球化和互联网的迅速发展使各国的思想文化和价值观念呈现出相互交流、共存和融合的态势，而随着改革开放的深入和中国社会的整体转型，社会出现了多元价值观，社会主义核心价值观要弥合分歧并在更高层面上凝聚大家的价值共识，离不开学术话语的支撑。可见，学术话语要坚定不移地立足于现阶段我国整体发展这个最大的实际和所处的时代，勇于立在时代的潮头才有可能发出思想的先声，完成其所担负着的重要使命。

综上可见，中国学术特色话语的构建需要以文风的改进为抓手，依托于中华优秀传统，立足于时代背景，扎根于人民群众中，这样才能真正具有学术主体性，才能富有生命力。

党的十九大胜利召开为党和国家事业的阔步前进提供了指引，中国特色社会主义建设已进入全新的历史阶段。中国的道路自信、理论自信、制度自信和文化自信归根结底是立

**学术圆桌** ●

足于中国的优秀传统文化和新时代，来源于中国共产党领导下全体中国人民的智慧创造。而在中国这片土壤和中国实践中生长出来的学术话语同政治话语、生活话语、网络话语都有着共同的根性，改进文风会极大提高学术话语的思想穿透力和影响力。习近平总书记在党的十九大报告中明确指出："推进国际传播能力建设，讲好中国故事，展现真实、立体、全面的中国，提高国家文化软实力。"中国特色学术话语的持续构建能很好地支持和促进讲好中国好故事，向世界传播中国好声音，在世界舞台上塑造出良好的中华民族形象。

《毛泽东邓小平理论研究》（2018 年第 7 期）

# 挤掉汇报材料里的"水分"

陈天祥

工作汇报、领导讲话、调研报告等文字材料，是党政机关推动工作、了解实情、总结经验得失的有效载体，一份好的材料对工作能起到事半功倍之效。不过，一些基层单位的汇报材料却常常存在"长、空、旧、虚"等现象。"一样的话要说出不同的花儿""工作不够，材料来凑"……在各地持续深入贯彻落实中央八项规定精神、大力推进作风建设、改进会风文风的新形势下，如何挤掉汇报材料里的"水分"，让其有更多的"干货"？

## 一、改革层层加码的压力型体制，减少各种考核和评比（奖）活动

在单一制国家结构形式下，上级政府拥有较大的权力，自上而下实施政策和措施，较常用的是目标管理方法。例如，上级政府就经济社会领域的事务确定某一个时期的总目标，然后将这些目标层层分解下去。考虑到不同地方的经济社会发展水

平和其他资源禀赋存在差异，为了确保目标的实现，上级政府会要求一些下级政府及其部门适当加码，在上级目标的基础上做一些拔高。由于各地之间存在着某种程度的政绩竞争关系，有的基层政府为了获得竞争优势，也为地方官员的职业生涯积累政治资本，往往会争先恐后向上级要求更高的目标，实在不行就在汇报材料上做文章，往目标中"注水"。

所谓"上面千条线，下面一根针"。有的时候，一个基层政府头上顶着众多"一票否决"事项，压得他们喘不过气来、力不从心，无奈之下只好寄希望于写好汇报材料了。因此，往汇报材料里掺水有时也是基层政府的一种自我保护或避责策略。近年来，有的地方被曝出 GDP 和财政收入掺水的事件，就与这种压力型体制相关。要消除这种现象，就要划清不同层级政府之间的职责和权限，使基层政府更好地根据本地实际自主治理经济和社会事务，也就使他们失去了迎合上级政府的动力和意愿。

由压力型体制延伸出来的频繁的考核和评比（奖）活动也是造成汇报材料掺水的另一原因。以往，不少考核评比（奖）活动规模庞大，下级单位交上来的材料成百上千，上级部门根本无法一一核实，只能根据这些总结汇报材料进行打分。有时上级主管部门会聘请外部专家参加考核评价，但这些专家也不一定了解情况,只能靠翻阅参评者提交的总结汇报材料打分。可以说,很多获奖的项目实际上都是为应付评比活动而横空编造出来的,或者将计划开展的工作写进参评材料中。近年来,考核和评比工作不再一味强调经济社会的数量指标,而是更加重视经济社会方面的创新成果。一个地方如果探索出了治理经济社会的新模式,出现了亮点,就会受到上级政府的青睐。于是,这些地方便开始了另一种竞赛,即创新竞赛和评奖竞赛,甚至为创新而创新,为评奖而竞赛。但仔细考察后会发现,所谓的创新模式虚多于实、名不符实,是新时期另一种考核偏好惹的祸。因此,要挤掉汇报材料中的水分,就要减少由上级部门主导的考核和评比(奖)活动,严格按照2018年10月中共中央办公厅印发的《关于统筹规范督查检查考核工作的通知》的要求,要规范督查检查考核工作,从源头抓起,严格控制总量和频次;完善考核评价体系,主要看工作实绩,不能一味要求基层填表格报材料;开展专项清理,各级党委和政府要坚决撤销形式主义、劳民伤财、虚头巴脑的督查、检查、考核等。

## 二、整治文山会海,切实改进会风文风

长期以来,不少地方习惯于通过开会布置任务,通过发

文来强调某某事务的重要性。这样做的好处是，如果某项工作没有完成，在某种程度上可以减轻上级部门负责人的责任，他们可以推脱说，"已经开过会了，发过文件了，抓过落实了"，还会拿出文件材料来证明自己的清白。既然要开会就难免要准备材料，让会议看起来内容充实，增加会议重要性和必要性的理由。为此，会议的组织者会事先要求参会单位提交书面材料，总结某项工作开展的情况、经验和存在问题等，以便大家互相交流和学习。下级单位接到任务后，一般会组织写作班子全力以赴撰写汇报材料。汇报材料不能过于简单，否则会让与会人员觉得这个部门和地方不重视某项工作，或者工作落实不到位，于是，彼此之间就会出现"材料竞赛"的现象。此外，大家还会追求汇报材料的形式美，对它们穿衣戴帽、精心包装，并极尽遣词造句、搬弄概念、努力使文字押韵、工整和对仗之能事。

要挤掉汇报材料中的"水分"，就必须整治文山会海，切实改进会风文风：一是切实减少不必要的会议，可开可不开的会议尽量不开。在当今这个信息社会中，上级政府和部门完全可以通过各种现代信息技术和手段如视频、互联网技术等听取下级的汇报或向下级布置任务，而不必召开会议。二是开小会能解决问题的不开大会。要提高会议的效率，所有与会单位和人员都必须与会议议程内容密切相关。会议小,汇报材料自然就少,也减少了滥竽充数的空间,减少了无关单位和人员掺假的机会。三是能不提交材料的会议尽量不提交材料,需要提交汇报材料的会议,要提倡精炼和管用,杜绝"长、空、旧"和只追求形式美的八股文。四是需要通过发文布置任务的,突出文件的"干货",就事论事,列明政策措施和责任权限,减少对意义、影响等内容的描写,不追求华丽辞藻和搬弄概念等。

## 三、切实贯彻从群众中来、到群众中去的工作方法和作风

从群众中来、到群众中去是党的优良传统和作风,但随着公共事务的日益复杂化,新事物和新问题不断涌现,再加上信息化、全球化的大势,个别政府官员习惯于大场面大阵仗的工作环境,养成了快速搜集和处理政务信息的工作模式,足不出户在办公室电脑面前就可能进行决策和处理事务,到基层的时间少了,与群众的接触也少了,导致官僚主义习气日益加重。他们逐渐被各种汇报材料牵着鼻子走,依赖汇报材料和网上搜索到的信息作出判断,时间一长,对琳琅满目和形形色色的各种汇报材料的真实性缺乏判断能力,助长了汇报材料掺假的泛滥。

要挤掉汇报材料中的"水分"，还必须切实贯彻从群众中来、到群众中去的工作方法和作风。领导干部要习惯于深入基层去获得第一手材料，通过自己的观察去发现群众日常生活中存在的困难和出现的治理问题，这样不仅有助于领导干部识别汇报材料中的"水分"，避免过于依赖汇报材料进行决策而导致的失误，也有利于更加客观地组织和撰写向上级进行汇报的材料，使汇报材料接地气和贴民情，为群众排忧解难，化解基层治理难题。

此外，加强问责，刹住弄虚作假和形式主义的歪风。在汇报材料中掺"水分"，实质是弄虚作假和形式主义，与我们党一贯倡导的实事求是的精神背道而驰，也违背了全心全意为人民服务的宗旨，如果不加以制止，势必会严重损害党和政府的形象，使党和政府脱离群众，动摇执政基础。

因此，我们应该总结这些做法和经验，出台相关的规章制度，使对各种汇报材料中掺假者的惩处有章可循，包括：规定认定汇报材料中掺假和抄袭的标准、程序和认定责任主体；对掺假和抄袭的类型进行划分；明确对不同类型的掺假和抄袭行为的处罚形式等。

《人民论坛》（2019 年第 1 月上期）

# 力戒文风中的形式主义

王　培

党的十八大以来，中央带头严格执行"八项规定"，文风改进成效显著。但在基层治理过程中，形式主义死灰复燃，开会、发文、要材料泛滥成灾，基层干部疲于应付。前不久，中共中央办公厅下发了《关于解决形式主义突出问题为基层减负的通知》，明确将 2019 年作为"基层减负年"。力破文风中的形式主义，为基层干部松绑减负是当务之急。

## 一、文山会海、文牍主义、"文抄公"逐渐成为新的形式主义做法

文山会海。开会、讲话、发文件、作决议都是基层开展正常工作的必要手段和形式，都是为了解决问题。但一些基层干部特别是党政部门一把手整天会议缠身、沉溺于各类文件，无暇深入基层摸情况、搞排查、抓落实。据媒体报道，西部一个国家级贫困县，一年收到上级下发的文件就有 3000 多件，还要整合打包再下发各乡镇。一天算下来，一个科级

单位不仅要接受十几份文件，还要下发两份文件。连篇累牍的文件、各种名目的会议，浪费了公共资源，降低了办事效率，助长了形式主义的不正之风。

文牍主义。写材料、发文件是基层必要的行政工作，而文牍主义却强调"工作不够、材料来凑"，以虚假材料、层层发文来替代实际工作。2018年底半月谈记者在调研中发现，材料多、材料急令基层干部苦不堪言。一些上级单位下基层调研不注重实际工作的考核，更多的是"听汇报、看材料"，下级只能不断"造材料"填补实际工作的空白。在以材料"论英雄""出政绩"的风气下，造"典型"、编"亮点"、说"瞎话"的"空心笔杆子"应运而生。这种"假大空"的文风挫伤了基层干部的实干热情，实际工作只能在"文来文往"里空转，害人不浅。

"文抄公"。有媒体报道，近两年，不少基层的文件内容、宣传标语、领导讲话抄袭成风、大量雷同，"文抄公"频现。写材料、做总结，内容复制粘贴、东拼西凑、"依葫芦画瓢"，不管实际情况，改一下标题、换个名字，拿来就用，糊弄组织、愚弄百姓。这种不顾客观实际、机械照搬的做法是典型的形式主义。

## 二、文风中形式主义抬头的根源：官僚主义、政绩观错位、本领恐慌、压力"甩锅"

官僚主义不除，形式主义难破。从党的历史上来看，形式主义的产生与官僚主义密不可分。"上有所好，下必甚焉"，上级领导机关奉行官僚主义、命令主义，下级官吏则大肆搞形式主义，迎合上级。当前一些基层干部沉溺于文山会海、醉心于文牍主义，与上级领导机关重形式轻实质、重过程轻结果、重表面轻落实有直接原因。至今仍有一些机关干部整天关在房子里写决议、作指示，下面的情况究竟怎么样、能不能执行，不去管。官僚主义不除，形式主义难破，不正文风难改。

政绩观错位，理想信念缺失。文风中形式主义现象抬头，说到底是一些领导干部脑袋里有"不正确的东西"，是人的思想出了问题，用痕迹管理代替扎实落实，用光鲜亮丽的外表掩藏矛盾和问题，主观主义、功利主义至上，政绩观错位、责任心缺失，理想信念不坚定。无休止地开会、作报告、写总结只是装腔作势"演"给上级看，内容千篇一律、乏善可陈、不分析问题，更提不出具体对策。公文、宣传标语、年终总结、个人心得不顾客观实际、照搬照抄，把严肃的工作当儿戏。

本领恐慌、懒政怠政。在党内一定时期、一定范围内，本领恐慌依旧存在。布置工作靠连篇累牍的开会发文、落实任务靠编数据造材料，一切文字工作由秘书代劳，这些不仅是机关干部懒政怠政的表现，更是本领恐慌的真实反映。在基层工作中，一些党员干部理论联系实际能力不强，缺乏调查研究的基本技能，群众工作开展困难，更缺少担当作为的勇气和狠抓落实的干劲，最终必然流于形式、浮于表面。

压力"甩锅"，滥用追责。基层是各项政令落实的关键。督查检查考核是保障政策落实的必要手段，问责是管理干部、压实责任的必要举措。但不少部门将上面布置的任务通过开会、发文层层甩下去，最终甩给基层，推卸责任，做"太平官"。更可怕的是，上面下达任务，中间层层加码，动辄就要基层一把手签"责任状"，动不动就采取"一票否决"，有些基层干部辛苦一年，却因"一票否决"背上处分，伤透了心。"上面千把锤，下面一颗钉"，基层干部有时因压力过大、检查过频、名目繁多只能瞎对付，导致形式主义泛滥。

## 三、加强政治建设，克服本领恐慌，完善监督考核机制，根除文风中的形式主义

加强党的政治建设，净化党内政治生态。一是把紧"思

**学术圆桌**

想关"，坚持用习近平新时代中国特色社会主义思想武装头脑，坚定理想信念，牢记党的宗旨，树立正确的政绩观，把对上负责和对下负责统一起来，养正气、祛邪气。二是坚持民主集中制。实现党内民主，要正确开展批评与自我批评，保障每个党员的权利和义务，严明党的政治纪律、政治规矩，实现党内平等，维护党的团结统一。三是"抓关键少数"，发挥"头雁效应"。各级领导干部特别是一把手要身体力行、从我做起，带头同歪风邪气作斗争，以上率下精简会议、发文，厉行勤俭节约，拿出具体的整改措施，扎实带动文风转变。

克服本领恐慌，大兴求真务实之风。一要加强学习，在全党营造干中学、学中干的风气，既学有字之书，又学无字之书；既学马克思主义经典作家的理论，又学党的基本路线、方针、政策；既学党史、国史、世界史，又要了解当下把握时代脉搏，始终做到学以致用、用以促学、知行合一。二要练就调查研究的基本功。开展调查研究首先要端正态度，下基层不是做给上级看、也不是演给群众看，而是要俯下身、沉下心，察实情。其次要掌握正确调查方法，直奔基层、直插现场，掌握第一手资料，写出真实创新的调研报告，避免同质化、重复性、形式化。三要密切联系群众，坚持走群众路线。党员干部要主动当百姓的"贴心人"，关心群众生活、了解群众疾苦，制定文件要真实反映百姓的心声，回应百姓的期待，多些"乡土气"，避免假大空。四是担当作为，狠抓落实。坚持说实话、谋实事、出实招、求实效，以求真务实的党风倡导短、实、新的优良文风。

完善监督考核机制，问责与激励并行。一是完善监督检查制度。个别地方的督查模式仍习惯于要材料、看报表、听汇报，几乎是"从领导到领导"，很少听民众评价。完善基层督查考核办法，要多问计于民，加强民众监督，提高民主评议在督查考核中的占比。二是实施精准问责，落实容错纠错机制。问责是为了督促广大干部更好地落实工作、真抓实干，而不是上级部门变相向地方和基层推卸责任的借口。要将容错纠错机制具体化，做好"三个区分"，解决问责不力和问责泛化的问题。三是理顺权责关系，健全激励保障机制。要推行权力责任清单制度，加大对基层权力的下放，保障基层干部看得见的权和物，落实中央通知精神，严格控制"一票否决"事项，不能动辄签"责任状"，要充分发挥广大一线干部真抓实干、干事创业的主动性和能动性。

《人民论坛》（2019 年第 4 月下期）

# 试论文风

沈壮海　王芸婷

"文风不是小事。"中华文化史上，无数文人墨客都曾阐发过关于何为好文章、怎样写好文章等问题的看法，这其中有部分优秀章句被代代传诵，对后世文人学者优良文风的养成产生了深远影响。自20世纪早期开始，在中国思想文化界和政治界，"文风"成为一个广受关注的显性问题。先是五四时期白话文运动宣告了文言文时代的结束和白话文时代的到来，其先驱胡适发表的《文学改良刍议》中的"八事"无一不关乎文风问题；接着是40年代中国共产党开展延安整风运动，以毛泽东《整顿党的作风》和《反对党八股》两篇报告为代表，将文风置于和学风、党风同等重要的位置；中华人民共和国成立后，党和国家历届领导人都曾对改进文风问题予以强调；2010年习近平同志曾专门就文风问题发表讲话，要求"努力克服不良文风，积极倡导优良文风"。在弘扬优良文风方面，思想理论工作者应有高度的自觉，努力为马克思主义中国化时代化大众化、为党的创新理论"飞入寻常百姓家"作出积极的贡献。

## 一、文风及其意义

文风不仅是文章风格及作者个人风格的展现，也是各行各业风气乃至社会和时代风气的综合反映。文风反映学风，体现理论成果的质量，并关系理论成果的影响力。对于思想理论工作者而言，文风问题不可小觑。

### （一）什么是文风

《说文解字》中对"文"的解释为"错画也""象交文"，即"交错的笔画""像交叉的文案"；对风的解释有两层意蕴，一是"八风也"，即从八个不同方向吹来的拥有不同名字的风；二是"风动虫生，故虫八日而化"，即风能够催生和化育生命。根据现有研究，将"文"和"风"连起来构成"文风"一词，最早是在刘勰的《文心雕龙·风骨》中，其中讲"结言端直，则文骨成焉；意气骏爽，则文风清焉"。此后，古今不同文人学者从不同角度出发，沿用"文风"一词，并不断发展其内涵和外延。

如今"文风"一词意指极其丰富，概略如下：就形成文风的主体而言，不仅包括具体文章创作者个体，如"其文如其为人";也包括创作者群体,如"文风是指社会文坛上一些具有普遍性、倾向性的文章现象";还包括整个社会和时代,如"文风是文章风格的体现,也是时代风气的反映"。就呈现文风的载体而言,不仅包括诗歌、小说、散文等文学作品,也包括新闻报道、研究论文、会议文件等其他文本。同样,就文风涉及的领域而言,也从上文中的"文坛"走向新闻传播、学术研究、国家治理等多个领域,如新闻战线的"走基层转作风改文风"活动,又如"学风和文风也都是党的作风,都是党风"等。就文风形成的整个过程而言,"文风问题不仅是语言文字的问题,而且是内容问题,是思想方法问题"。

综上所述,"文风"在狭义上是个体写作者语言文字运用能力、思想认识、逻辑方法、精神品格等方面的特征以其文字类作品为载体所作的一种综合呈现,是文章风格的体现,也是写作者个人风格的体现。在广义上,正如自然风无处不在且能催生和化育生命,文风是党风、学风乃至社会和时代风气的综合反映,优良的文风也能以润物无声的方式对后者产生深刻影响。

(二)文风反映学风

"学风,一般地说就是对待理论与实际关系的立场和态度，是有关思想方法和思想情感的现实表现。"中国共产党历来重视学风建设，1942年毛泽东曾指出学风问题是"第一个重要的问题"；2008年习近平同志也强调学风问题是"关系党的事业兴衰成败的一个重大政治问题"。与此同时，中国共产党通常将学风、作风、党风、文风作为有机统一的整体来看待，例如延安整风运动就是将"反对主观主义以整顿学风，反对宗派主义以整顿党风，反对党八股以整顿文风"三者统筹推进，中共十八届二中全会上也是将"转变作风、端正学风、改进文风"作为整体加以强调。

具体到学风和文风二者关系，毛泽东在《反对党八股》讲演开篇的论述或许能给我们一些启示。他指出自己想讲的是"主观主义和宗派主义怎样拿党八股做它们的宣传工具，或表现形式"。此处的主观主义、宗派主义和党八股分别对应的是当时学风、党风和文风中存在的最大问题。就此而言，在毛泽东眼中，文风是学风和党风的表现形式。

与文风相比，学风是更为抽象和难以度量的存在。文风就像一个窗口、一面镜子，以极为直观具体的方式展露和反映学风的好坏。言之有物、鲜活灵动的文风反映的是理论联系实际的良好学风，清新朴实、亲切自然的文风反映的是以人为本的良好学风，气势浑厚、义理深广的文风反映的是秉持科学立场、观点、方法观察和思考问题的良好学风，等等。

（三）文风体现理论成果的质量

评价理论成果的质量，第一步也是必不可少的一步，就是去阅读该理论成果相关的论文、著作等。这些文本的简洁完整性、观点的清晰明确性和论证的充分可信性会在第一时间影响人们对该理论成果及其质量的认知和评价。之后才有可能在较长的时间跨度上，通过其所做出的学术贡献和所产生的社会效用来衡量其质量高低。也就是说，作为传播对象接触理论成果最简捷、最必要的途径，理论成果的文风会以最直接的方式体现理论成果的质量。

其一，文风体现理论成果的学术价值。作者对理论成果的陈述是实事求是、说理透彻，还是言之无物、空洞说教，能够反映作者在整个研究和写作过程中是否按照科学的方法，得出了正确的、具有较高参考价值的结论。其二，文风体现理论成果的思想价值。"大上有立德，其次有立功，其次有立言"，没有高尚德行、精深思想、正确立场和科学方法作为支撑，就不可能有优良文风，读者可以通过一个作者的文风判断理论成果思想内涵的高低。其三，文风体现理论成果的应用价值。包括理论成果对其他研究者继续研究的参考价值和理论成果所能带来的经济社会效益。理论成果的文风是否准确鲜明、通俗易懂、言之有物、说理透彻等，能够反映理论成果给读者带来影响及转化为经济社会效益可能性的高低。

### （四）文风关系理论成果的影响力

理论成果的影响力指的是理论成果在传播过程中给传播对象带来的观念态度、思维模式、行为方式等方面的综合影响，以及在短期或长期内给整个社会所带来的有形或无形的经济效益和社会效益。如"鼓天下之动者存乎辞"是指言辞文章具有鼓动天下激发人心的力量，又如"盖文章，经国之大业，不朽之盛事"则是将文章抬高到治理国家的大事、万代不朽的事业这种极高的地位。

文风可能以正面或负面的方式关系理论成果的影响力。优良文风不仅有助于读者更清晰地认知和理解理论成果的主题、内容、方法，也有助于理论成果在更广范围、更深层次上产生影响，还能够对后续研究者培养优良文风产生积极作用；若是理论成果所反映的主题受人关注、研究方法使用恰到好处、所得出的结论极为重要，但是文风却枯燥乏味、毫无文采甚至晦涩难懂，无疑会使理论成果的影响力大打折扣；

而脱离实际、华而不实、形式主义的文风则更是"不负责任，到处害人"，"传播出去，祸国殃民"。

文风关系理论成果短期的、即时的影响力和长期的、深远的影响力。若理论成果的文风符合当下传播对象的阅读习惯和需求，则有利于理论成果在短期内获得即时的、强烈的反响；若理论成果的文风能够经受住时代和历史的考验，那么它就能在更长的时间跨度上影响整个社会的思想观念和态度行为。那些中国传统文化中传承下来的优秀言辞文章和马克思主义发展史上诞生的经典篇章，或文采飞扬，或振聋发聩，或平实亲和，正是优良文风让它们经受时间的洗礼，在历史长河中影响着一代代人的观念、态度和行为，并以或显或隐的方式推动社会的进步和发展。

## 二、好文风"好"在哪

文风之地位举足轻重，那么究竟何谓好文风？概言之，文简、意实、理透、韵美、神正，或可谓是好文风的基本特征所在。

### （一）文简

"文简"是许多杰出研究者和写作者最为推崇的文风特

征之一，也是展示文章境界的重要标志。例如，唐代刘知几强调"夫国史之美者，以叙事为工，而叙事之工者，以简要为主"，清代刘大櫆以"文贵简""简为文章尽境"形容"文简"的重要性，等等。马克思主义者历来也以"文简"要求自身。例如，《共产党宣言》首次印刷时只有薄薄 23 页，其文风简洁明了，"如果按汉字计，全文仅约 2.5 万字，7 篇序言几乎都是千字文，1883 年德文版序言甚至不足 400 字"，正是这篇短文，极大地震撼了世界，改变了人类的历史进程。又如，毛泽东对"用简洁文字反映实际情况的报告"极为赞扬，郭沫若也曾表示"文章最好是用最经济的办法，把你想说的东西说出来"，并倡导学习毛主席的文章"要学习他的平易近人，学习他的深入浅出，学习他准确、鲜明、生动地表达艰深思想的能力"。

养成"文简"的好文风，要在思想上科学正确理解"文简"。文简不等于短小简陋，更不等于平铺直叙和干瘪枯燥，文简所展现的应是写作者能够以最简约、最平实、最通俗易懂的语言准确表达艰深思想和高远境界的深厚功力。毛泽东曾在要求文电"压缩文字"的同时，强调"压缩是指分清条理，去掉空话，并不是说可以省略必不可少的词类，可以违背文法，也不是说可以不顾文字的形象性和鲜明性"。邓小平曾将长篇的、内容重复且不做精简、缺乏新语言的文章和讲话视为形式主义、官僚主义的表现形式，并举例指出："毛主席不开长会，文章短而精，讲话也很精练。周总理四届人大的报告，毛主席指定我负责起草，要求不得超过五千字，我完成了任务。五千字，不是也很管用吗？"他还强调马克思主义之所以打不倒，"并不是因为大本子多，而是因为马克思主义的真理颠扑不破"。习近平总书记曾针对文风上存在的"长、空、假"问题，提出"短、实、新"三字，他指出"短"，"就是要力求简短精炼、直截了当，要言不烦、意尽言止，观点鲜明、重点突出"。

养成"文简"的好文风，要在具体的遣词造句中用心思量。"越是聪明的作者，越知道文字并不是万能的东西，他们执笔的时候，所苦心的是怎样才能把文字使用得较有效，决不干吃力不讨好的勾当。"针对当前实际问题，我们认为思想理论工作者要做到文简并提高文章实效，一要避免对西方话语模式及翻译文自觉或不自觉的模仿。1976年，朱德在看过成仿吾与助手们重新译校的《共产党宣言》译本后指示："弄通马克思主义很重要，为了弄通，要有好译本。这个新译本好，没有倒装句，好懂。"倒装句是英语中常见的用法，目前哲学社会科学领域仍存在一些学术文本有较浓的西

**学术圆桌**

方昧，用中国文字书写西式语句，这是学术评价倾西化在文风上的体现，给读者阅读和理解造成了不少障碍。二要在"言之有物、准确鲜明、生动活泼、简洁畅达"上下功夫。写作者在词句使用和写作态度上一定不能自视甚高、故作深奥，要远离"空话连篇，言之无物""装腔作势，借以吓人"等不良风气，要避免生造和使用除了自己之外谁也不懂、不常使用、意义不明或深奥晦涩的词句，要牢记唯有研究成果的形成和表达做到"从群众中来"，研究成果的效用才更有可能"到群众中去"。

养成"文简"的好文风，还要培养反复推敲、删繁就简的耐心。好文章当然有可能是一气呵成的，但更多还是要经过反复修改才能得来的。例如，鲁迅就曾强调文章"写完后至少看两遍，竭力将可有可无的字、句、段删去，毫不可惜。宁可将可作小说的材料缩成 Sketch，决不将 Sketch 材料拉成小说"；夏丏尊和叶圣陶也指出"文章的许多法则，大之如章法布局，小之如炼字造句，差不多都和省略有关"；毛泽东更是要求"重要的文章不妨看它十多遍，认真地加以删改，然后发表"。思想理论工作者的相关文章、讲话等在初步完成后一定要通过自己阅读、与他人交换阅读等方式多读几遍，尽可能删去或修改多余话语、拗口词句、生僻字眼，努力做到"丰而不余一言，约而不失一辞"。

（二）意实

"君子之言寡而实，小人之言多而虚"，好文风在"文简"之外，还应求"意实"。墨家关于"信"和"实"的解释有助于我们理解何谓"意实"。"信，言合于意也"，即"信是指言论与思想符合"。"实，荣也"，"实。其志气之见也，使人知矣，若金声玉服"，即"实质是透过现象表现出来的"，"事物的内在实质表现为外在的现象，能够使人认知，这就像金属的声音、玉石的文采，可以帮助人们认识它们的实质一样"。就此推论，言辞文章作为作者思想、观念、情感的表达和所言说对象实质的反映，其文风"意实"至少包括两层内涵。

一是"心口如一"。朱光潜曾指出："练习写作有一个最重要的原则须牢记在心的，就是有话必说，无话不说，说须心口如一，不能说谎。"习近平总书记所倡导的文风之"实"的五条要义中有两条都提醒写作者要"心口如一"，即"讲有感而发的话不讲无病呻吟的话，讲反映自己判断的话不讲照本宣科的话"，并举例指出："毛泽东同志笔下的愚公、白求恩、张思德，我们今天记忆犹新，就是因为这些人在他的心灵深处产生过激烈震荡，所以讲出的话饱含深情、富于哲理，能深深植入人民心里，引起共鸣。"鉴于身份的特殊性，思想理论工作者写文章做到"心口如一"应把握以下三个要点：首先，必须保持对中国共产党及其思想理论体系、对人民及其实践的强烈思想认同和情感认同；其次，应增强自律意识，做到文章所呈现的思想情感与作者现实生活中的思想情感、实际行动相一致，坚决不做心口不一、言行不一的"两面人"；最后，在此基础上，力求在自己能力范围内，从真正激发自己研究兴趣的、思考较为清楚的、材料掌握和实践经验较为充足的以及有话要说、不吐不快的相关选题做起，极力使所写与所思所想相符合，如此反复实践、积累，一定有助于提升自己的研究写作能力。

二是"言之有物"。"君子以言有物而行有恒"，"夫立言之要，在于有物"。可以说，"有物有序"是古时候中国人对于写文章的两个基本要求，"有物"就是要有内容，"有序"就是要有条理。中国共产党提倡"禁绝一切空话"，并指出"言之无物的文章"是"最不应该、最要反对的"。一般来说，言辞文章如果真正做到"心口如一"，就能真实反映作者的思想、观念和情感，也就做到了最基本的"言之有物"，但是受制于作者水平高低，"心口如一"绝不是"言之有物"

的充分条件。一篇文章能在多大程度上准确反映其所言说对象的实质，又能在多大程度上影响他者对所言说对象的理解并给予他者以启发，也即一篇文章所言说的内容究竟有多大价值，完全取决于作者经验积累的丰富程度和思想境界的高下。因此，言辞文章要达到更高层次的言之有物并不容易。一方面，写作者必得有能力选择那些真正有价值的选题进行研究和写作。"选题"不是"选择题目"，而是"选择问题"。唯有回应时代之问，解决实践之问，把握人民之问，"关注新问题、切准真问题、聚焦大问题、重话老问题"，其内容才更具言说价值。另一方面，写作者在写作之前必得做好了充分的准备工作。正如毛泽东所说："报告的内容要有切实的材料与意见"，唯有提前做好读书积累、调查研究、交流讨论，充分掌握材料和积累实践经验，在行动上深入研究、在思想上深刻理解所研究的对象，才更有可能在文章中具体而准确地反映研究对象的实质。

（三）理透

古语"顺道而行，循理而言"提醒人们"顺着正道去做事，依照真理去讲话"。马克思曾强调："理论只要说服人，就能掌握群众；而理论只要彻底，就能说服人。所谓彻底，就是抓住事物的根本。"毛泽东也曾指出:"我们现在有些文章,神气十足,但是没有货色,不会分析问题,讲不出道理,没有说服力。"可以说,"理"是言辞文章的灵魂所在。"理"可以是作者亲身实践得出的一些道理、哲理,也可以是抓住了客观事物根本的、反映客观事物实质的、阐述事物发展客观规律的科学真理。理论文章要想达到入脑入心的实效,最关键的还是要透彻阐明作者思想中所要传达的或是客观事物中所蕴含的"理"。

"理透"源自对真理的科学掌握。毛泽东曾批评党八股式的文章和演说"这种装腔作势的东西,不能反映真理,而是妨害真理的",只有揭破这种形式主义的东西,"才能使大家学会应用马克思主义的方法去观察问题、提出问题、分析问题和解决问题"。可以说,毛泽东不仅为我们阐述了理透的本源即"反映真理",还为我们阐明了达到理透的途径即掌握"马克思主义的方法"。对于思想理论工作者来说,要想运用马克思主义的方法,抓住事物的根本并在文章中反映真理,途径只有一条,那就是实践。"摸着石头过河就是摸规律,从实践中获得真知。"思想理论工作者要将理论研究和实际工作相结合,"把自己的实际工作经验吸收到理论研究工作中,提升到理性自觉的层面",在实践和理论的互动中掌握真理、阐发真理。

"理透"依托于富有条理和逻辑的写作之上。首先，作者要彻底明晰自身所要阐述的"理"，也要确保这一"理"符合客观事物的实质与规律。"自己的思想认识明确，然后适当地表达出来，就一定会准确"，"思路的条理不是无源之水，是有客观事物的条理作为基础的"。思想理论工作者一定要"以其昭昭，使人昭昭"，万不可"以其昏昏，使人昭昭"。其次，合理安排所要阐发的观点和所掌握的材料。邓拓曾引用刘健和丘浚以"绳"和"钱"比喻二人学识的故事，一个是"学如一仓钱币，纵横充满，而不得贯以一绳"，一个是"有绳一条，无钱可贯"，指出"每一篇文章如果都有一根思想红线，把最重要的材料贯串起来，总是好的"。撰写理论文章，既要重视观点，也要重视材料，应以观点统领材料论据，以材料论据增强观点说服力，努力使思想观点和材料论据水乳交融、相得益彰。最后，确保推理和写作的思路富有条理和逻辑。毛泽东极为强调文章的条理和逻辑问题，如"必须注意各种词语的逻辑界限和整篇文章的条理（也是逻辑问题）"，"写文章要讲逻辑。就是要注意整篇文章、整篇说话的结构，开头、中间、尾巴要有一种关系，要有一种内部的联系，不要互相冲突"等。

养成"理透"的优良文风，不只要高屋建瓴，更要深入浅出。在马克思主义中国化的历史上，我们党的领袖提出了许多影响深远的思想观点，但从不装腔作势和故作高深，相反都尽可能以最朴实生动、最贴近群众、最通俗易懂的语言去阐明深刻的道理。例如，"枪杆子里面出政权"、"白猫黑猫"论、"鞋子合不合脚，自己穿了才知道"等，都是高屋建瓴又深入浅出的典范。我们现在常讲"马克思主义大众化"，毛泽东曾指出大众化"就是我们的文艺工作者的思想感情和工农兵大众的思想感情打成一片。而要打成一片，就应当认真学习群众的语言"。我们历届党和国家领导人都曾强调向人民群众学习语言，是因为"人民的语汇是很丰富的，生动活泼的，表现实际的"，"语言的背后是感情、是思想、是知识、是素质"。除了语言生动形象之外，以人们喜闻乐见的具体实例阐述抽象、高深的理论等也有助于深入浅出地达到"理透"的效果。

（四）韵美

"韵"字本义是和谐悦耳的声音，在古代也是诗词格律的基本要素之一，现在的常用义为风度、情趣、意味。中国古人在诗词创作中会通过平仄、对偶、押韵等方式追求字词搭配、音调和谐的韵律美。其他类型文本对"韵律"的要求虽不严格，但是文人学者对自己文章在语言、结构、寓意等方面的"美"的追求却是永恒不变的。例如，"言之无文，行而不远"，"事信言文，乃能表见于后世"；又如，叶圣陶曾表示"既然要写自己的东西，就会连带地要求所写的必须是美好的"；毛泽东也曾强调文件报告等要"使人读得下去，读过后很舒服"，等等。我们将这些最终体现于文风上的对美的追求，概括为"韵美"。

"韵美"从语言美的细微之处渗透而出。"追求语言的纯洁和美，无疑是作家们毕生奋斗的目标之一。"老舍曾表示自己写文章和报告"不仅要考虑每一个字的意义，还要考虑到每个字的声音"，他说"好文章让人家愿意念，也愿意听"，而且"好文章不仅让人愿意念，还要让人念了，觉得口腔是舒服的。随便你拿李白或杜甫的诗来念，你都会觉得口腔是舒服的，因为在用哪一个字时，他们便抓住了那个字的声音之美"。毛泽东曾罗列党八股的罪状之一即为"语言无味，像个瘪三"，1958 年他又在对《文艺报》"再批判"特辑编者按的批语和修改中指出"用字太硬，用语太直，形容词太凶，效果反而不大，甚至使人不愿看下去"。可见，追求语言美，就必须悉心关注每一个字、词、句这些构成语言和文章的最基本要素，确保其使用恰当，组合妥帖，读来舒适。此外，要尽可能做到简练朴实、生动形象，恰到好处地使用一些成语、名言增添文采。

"韵美"以结构美的方式直观呈现。文章的结构就像人体骨骼一样串联起一篇文章，并决定着文章的外在美。"好的结构，留给人的印象是难以抹掉的。"人们阅读学术论文等理论成果，往往会先看其主要框架，然后再决定是否继续细读。在文艺作品中谈结构美是常有的事，但在理论文本中人们一般很少谈结构美。理论工作者常常会自觉不自觉地套用"是什么、为什么、怎么办"的模板进行写作。这种写作套路自然有其存在的合理性，如果拿我们前文所说的文章开头、中间、结尾相互贯穿，具有条理和逻辑来验证，一般也是符合的。但是理论文本的结构排布是否就应该或者只能止步于此呢？中华优秀传统文化中的政论文、议论文名篇，马克思、恩格斯的相关文献，党和国家领导人在中国革命、建设和改革历史上留下来的优秀作品，其结构绝非千篇一律。"优秀作品并不拘于一格、不形于一态、不定于一尊"，只要有利于主题的表达，也能给读者在理论学习之外以美的感受，思想理论工作者不妨在结构美方面多做一些创新尝试。

"韵美"的余味从旨趣美中涓涓流淌。"凡是出色的文艺

**学术圆桌**

作品,语言文字必然是作者的旨趣的最贴合的符号","作者的努力既是从旨趣到符号,读者的努力自然是从符号到旨趣"。这一观点简明扼要地论述了语言美和旨趣美二者之间的关系及其各自的重要性。有研究者认为"旨趣美"和"神韵美"属于言辞文章意蕴美的两个小类,与"神韵美"相比,"旨趣美"源于"物"而重理性,它具有客观性、对象性和现实性,同时也必然带有说写主体的主观态度、情感、意志和目的,旨趣的审美形态主要表现为深邃与浅近、广博与单纯、崇高与平凡、迥异与趋同,不同审美形态的适用之处有所不同。就这一分析而言,我们认为在上文所说的文风"意实"之外,理论工作者还应对自身提出更高要求。不仅要做到心口如一、言之有物,反映客观对象的实质,还要通过丰富自身实践经验、提升个人思想境界等达成文章的旨趣美。与此同时,不能一味追求旨趣高远、博大这些常被提及的审美形态,而要学会针对不同读者、不同类型文本等,"既要有阳春白雪、也要有下里巴人,既要顶天立地、也要铺天盖地",呈现不同的旨趣美。

(五)神正

清代刘大櫆在《论文偶记》中说:"神者,文家之宝",

"行文之道，神为主，气辅之"。此处的"神"大致是指作者的精神秉性以及构成作品风格的内在精神。我们所说的"神正"，也是对写作者及其文章在思想观念、价值追求、气象格局等方面的更高要求。对于思想理论工作者而言，"神正"的优良文风主要体现为坚定的信仰信念、鲜明的人民立场和强烈的历史担当。

"神正"体现为坚定的信仰信念。信仰是人们衷心认同、坚定追随、引为行动指南的某种思想、主义、观点、主张。信念是人们在一定的认识基础上确立的对某种思想或事物坚信不疑并身体力行的精神状态。在中国，对马克思主义的信仰，对社会主义和共产主义的信念，是历史、时代和人民的共同选择。判断文风是否神正，就要判断文本所传达的信仰信念是否坚定，包括是否具有较高的马克思主义思想觉悟和理论水平，是否积极弘扬了正确的世界观、人生观和价值观，是否对中国道路、中国理论、中国制度和中国文化充满自信，是否能在事关党和国家前途命运的重大问题上保持政治定力，是否能为党的领导和中国特色社会主义事业的发展建言献策。

"神正"体现为鲜明的人民立场。"自古以来，我们知识分子就有'为天地立心，为生民立命，为往圣继绝学，为万世开太平'的志向和传统"，"马克思主义博大精深，归根到底就是一句话，为人类求解放"。中国共产党以马克思主义为指导，继承前人的优良传统，立志"为中国人民谋幸福，为中华民族谋复兴"。因此，作为党的理论工作者，检验其文风的一条重要标准，便是其文章是否具有鲜明的人民立场。在写作理念上，鲜明的人民立场体现为学问为人民而做，文章为人民而写，始终坚持以人民为中心，确保文章有利于增进人民福祉、促进人的全面发展；在写作方法上，鲜明的人民立场体现为对人民主体地位的尊重，对人民实践创造的关注，密切同人民群众的联系，"从群众实践中寻找理论创新的灵感，从群众语言中汲取理论阐释的养料，从群众关切中消除理论传播的盲区"；在写作实效上，鲜明的人民立场体现为能"经得起实践、人民、历史检验"，能以科学理论和高尚大德武装人民、引领风尚。

"神正"体现为强烈的历史担当。强烈的历史担当首先表现在文章能够通过理论创新反映时代巨变，解析时代之问。"理论的生命力在于创新"，一切理论"都是时代的产物，都是思考和研究当时当地社会突出矛盾和问题的结果"，思想理论工作者"应该以我们正在做的事情为中心，从我国改革发展的实践中挖掘新材料、发现新问题、提出新观点、构建新理论"。强烈的历史担当其次表现在文章能够融通古今中外，体现中国特色，彰显人类情怀。思想理论研究及写作应尽可能"立足中国、借鉴国外，挖掘历史、把握当代，关怀人类、面向未来"，以中国人的世界观和方法论，提供关于人类前途命运的中国方案。强烈的历史担当还表现在文章能够以求真务实作风研究真学问、大学问。思想理论研究不可因一时、一己之利，仓促应付，而应"扎根实践，对真问题不懈而彻底地求解"；思想理论研究还应有宏大视野和广阔胸怀，在学术大道、正道上，产出对解决主流问题、战略问题具有重大价值的精品力作。

## 三、努力形成好文风

"'知'是基础、是前提，'行'是重点、是关键。"思想理论工作者弘扬优良文风，在思想上理解文风的内涵、意义及好文风的标准只是第一步，更为重要的是在具体实践中为好文风打牢根基、提供滋养，并在千锤百炼中养成良好文风。

### （一）好文风有根基

苏轼曾形容其文"如万斛泉源"，毛泽东说"文章须蓄势。河出龙门，一泻至潼关。东屈，又一泻至铜瓦。再东北屈，一泻斯入海。行文亦然"。无论如泉喷涌，还是如河畅流，通过不断学习积累所达到的思想境界，才是好文章和好文风的源头活水。很多知名作者对此都有所强调，例如，"语言的丰富多彩，往往就是思想的丰富多彩的反映"，"思想是文章的制高点、海拔线"，等等。思想理论工作者要养成良好文风，就必须打牢思想根基。

从培养问题意识着手打牢思想根基。"问题即思想之根、思想之心、思想之精髓，思想以问题为线、以问题为轴、以问题为支撑。"古今中外一切伟大思想，都是从对自然界、对人类社会现象与本质所产生的疑问开始，也正是一个又一个的问题驱动着人们探索问题之解，探索解题的正确之路。作为思想理论工作者，一方面要深入人民群众观察问题、提出问题、分析问题和解决问题；另一方面要学会分清问题的轻重缓急，在研究和写作中抓住和解决主要矛盾，并在此基础上不断提高个人思想水平。

从提高明辨能力着手打牢思想根基。党的十八大以来，党和政府多措并举提高人民群众"四个自信"，以往思想偏激、认知极端，对马克思主义和中国化马克思主义缺乏理论认同、政治认同、情感认同的现象逐渐消失。但是不可否认，在世情、国情、党情深刻变化的当下，各种思想交锋仍旧非常激烈。思想理论工作者一定要带头提高明辨是非的能力，要敢于自信地、实事求是地阐述正确观点，批驳错误言论，在观点的交流碰撞中提升个人思想水平。

从学好思想方法和工作方法着手打牢思想根基。方法是过河的"桥"和"船"，无论把握和解决思想问题还是实际问题的方法，都有利于打牢思想根基和养成优良文风。习近平新时代中国特色社会主义思想蕴含着丰富的马克思主义思想方法和工作方法，主要包括坚持实事求是、坚持战略定力、坚持问题导向、坚持全面协调、坚持底线思维、坚持调查研究、坚持抓铁有痕、坚持历史担当。对此，思想理论工作者应该认真学习和运用，通过使用科学方法探寻真理，通过掌握真理提高思想水平，通过提高思想水平养成优良文风。

（二）好文风需滋养

养成优良文风，不仅要打牢思想根基，还要提升文化修养、学术素养、道德情操来滋养优良文风。

一是多读书以提升文化修养。读书对写作的重要性很多文人学者都有所强调，如杜甫的"读书破万卷，下笔如有神"被代代传诵；又如苏东坡曾在《记六一语》中记录欧阳修指导他人写文章说"无他术，唯勤读书而多为之，自工"。

习近平总书记也曾表示："我爱好挺多，最大的爱好是读书，读书已成为我的一种生活方式"，他认为"读书可以让人保持思想活力，让人得到智慧启发，让人滋养浩然之气"。可见，要提升文化修养并以此滋养优良文风，一定要多读书。与此同时，要清楚书是读不尽的，必须有选择地去读那些真正有价值的书，包括马克思主义经典著作、中国共产党领导人重要文献、中国历代思想家名篇、西方思想家经典著作、优秀文学作品等。此外，要联系实际，把读过的书融会贯通为自己的知识。通过把有价值的书多读几遍、记笔记、勤反思、多运用等方式，使书在"脑海里不只是'量'的堆积而是'质'的增强"。

二是多做调查研究以提升学术素养。鲁迅曾指出创作需要"留心各样的事情，多看看，不看到一点就写"，"写不出的时候不硬写"，毛泽东对此强调说："讲的是'留心各样的事情'，不是一样半样的事情。讲的是'多看看'，不是只看一眼半眼。""不调查，不研究，提起笔来'硬写'，这就是不负责任的态度。"所有文章都是调查研究的产物，不仅如此，多做调查研究也能使思想理论工作者对实际生活有更多的了解和理解，为后续研究写作积累素材，为提升学术素养并养成良好文风提供滋养。思想理论工作者大多是教职人员或相关管理者，应当利用好工作之便，多留心观察和了解、记录思想政治领域的实际状况，并通过深入调查研究反复求证、分析探索，最终形成根基深厚的研究性文稿。

三是多措并举提升道德情操。习近平总书记曾要求文艺工作者"不仅要在文艺创作上追求卓越，而且要在思想道德修养上追求卓越，更应身体力行践行社会主义核心价值观，努力做到言为士则、行为世范"。无论文艺作品还是思想理论文本，真正有价值的文章，一定出自那些具有爱国情、为民心的道德高尚、情怀深厚的写作者之手。因此，思想理论工作者在提升文化修养和学术素养的过程中，还应通过加强政治理论学习、追随榜样事迹、参与志愿服务等方式，在为人民服务的过程中不断增强社会责任感和历史使命感，提升自身道德情操以滋养良好文风。

（三）好文风得磨砺

"在科学上没有平坦的大道，只有不畏劳苦沿着陡峭山路攀登的人，才有希望达到光辉的顶点。"思想理论工作者应认真对待每一篇理论文本，在具体的写作实践中磨砺优良文风。

业精于勤，在日常写作中磨砺文风。老舍曾表示："只有勤于动笔，才逐渐明白自己的长处与短处，得到提高……归根结底还是要自己动手去写才能知其究竟。熟才能生巧。"写作是理论研究的最后关头，当思想要落到笔端、滋养要化作独创性的文字时，当然是非常艰难费力的，写作者一定要理解并接受这种艰难，不断挑战自我。与此同时，可以通过将日常调查研究的情况及自己的所思所想付诸文字等方式，每天坚持写一点内容以提高文字表达能力，长此以往也可有效缓解直接写大型理论文本的艰难程度。总之，"改进文风，同一切工作一样，是需要在实践中去改进的，束手不写，不能解决问题；多写文章，才能锻炼自己运用文字的能力"。

精益求精，在反复修改中磨砺文风。文章的反复修改不仅局限于字词句的问题，还可能要对文章结构进行调整，对文章内容进行删改、扩充，乃至对整篇文章进行颠覆。是否能做到多加练习和写作，体现的是一个作者的勤勉程度，是否能多加修改，同样如此。思想理论工作者应认真对待文稿的修改工作，"多思索，多考虑，一面写，一面改，写好了再改，空话废话去掉，不通的句子，生涩的字眼，改正或删掉，不妥当的地方，不怕一再斟酌"。此外，一个人的智识毕竟有限且人们常会陷入自己的定式思维，所以单凭自己的力量，可能在文章修改中很难取得大的突破。因此，思想理

**学术圆桌**

论工作者还应善于向他人求教，通过与同辈互相修改、求教专家学者等方式，以更加客观的视角，发现不足并不断提升理论成果的质量。

思想理论工作者肩负着理论创新、思想武装、教育人民、凝聚共识等重要任务，应对文风问题有更多关注，并在弘扬优良文风上不断取得新进步。

《文化软实力研究》（2021 年第 3 期）

# 把握写好理论文章的六个要点

尤文虎

习近平总书记强调，理论修养是领导干部综合素质的核心。写理论文章是衡量领导干部理论修养的重要标尺，也是领导干部锻炼思维能力、提升理论水平的重要途径。理论文章写作，有自身的特点和规律，重点要把握好以下六个方面。

## 一、站位要高，力求言之有格

领导干部写理论文章，核心功能在于表明政治态度、阐释政治观点、传播党的主张，通过文章讲政治。文章的政治属性首先体现在立意格局上，这取决于撰写者的站位。曾任人民日报社社长的杨振武提出，"站在天安门上看问题，站在田埂上找感觉"。这说的是人民日报的记者在写头条稿件时站位要高，努力胸怀大局、放眼全局；同时又要接地气，努力深入基层、深入实际。"两个站在"通俗地阐明了撰写理论文章应该具备的基本站位、基本格局。

提高站位，做到胸怀"国之大者"。习近平总书记多次要求党员干部对"国之大者"做到心中有数、了然于胸。具体到撰写理论文章，首先要提高站位、提升格局。要正确立意，自觉把习近平新时代中国特色社会主义思想作为写作的根本遵循，作为贯穿文章的主旨和灵魂，牢牢把握宣传阐释、贯彻落实党的创新理论这一根本立意，确保意在笔先、以文载道、以文弘道、以文贯道。要站稳政治立场，自觉主动同以习近平同志为核心的党中央对标对表，坚决同党中央保持高度一致，坚定阐释党的理论和路线方针政策、党中央重大决策部署和党中央关于形势的重大分析判断，通过文章体现坚定拥护"两个确立"、坚决做到"两个维护"。要增强政治意识，时刻关注习近平总书记和党中央在关心什么、强调什么，以及人民群众急难愁盼问题、国际变局中的重大问题，正确认识和准确把握"国之大者""党之大计"，善于站在全局和战略的高度想问题，善于以政治思维立观点，以政治智慧求见解，把"政治三力"体现在文章选题、观点提炼和思考分析中，努力让文章取得好的政治影响、政治效果。

站稳立场，做到指向准、导向正。站位，是立足点、出发点、落脚点，关乎理论文章的实践指向和价值导向。要把握好实践导向。领导干部所处岗位不同，职责任务不同，看问题的出发点也不一样。但不论是中央和国家机关，还是地

**学术圆桌**

方、基层各级党委政府、党政机关，根本任务都是确保党中央决策部署的贯彻落实。各级领导干部的身份都是"施工队长"，要牢牢把握根本任务，吃透"上情"，深入领会党中央精神；把握"下情"，全面掌握分管地区分管领域的实际情况，以对党负责、对事业负责的精神，从结合自身实际抓落实的角度，说符合身份、符合实际的话，让文章充满实践厚度。要站稳群众立场。人民立场是我们党的根本政治立场，坚持人民至上是习近平新时代中国特色社会主义思想的根本立场观点方法。习近平总书记的重要讲话重要文章之所以受到广大人民群众的真心喜爱，之所以在群众中得到广泛传播，一个很重要的原因就在于其中蕴含深刻的人民至上的价值立场，字里行间流露出真挚的为民情怀。领导干部要放下架子、俯下身子，善于从群众的角度去思考问题，注重结合群众身边的生动实践宣传政策、阐释道理，为群众说话，说群众爱听的话，让文章饱含情感温度。

## 二、选题要准，力求言之有用

经世致用是理论文章的鲜明特征。"题好一半文"，文章选题在很大程度上决定文章的价值。党的二十大报告指出："问题是时代的声音，回答并指导解决问题是理论的根本任务。"领导干部写理论文章，应该直面问题、直面实践，避免从理论到理论，泛泛而谈。

善于和敢于选择真问题。所谓真问题，就是那些现实中真实存在，制约事业发展或与群众"急难愁盼"息息相关，具有研究价值、尚未得到有效解决的问题。与真问题相对的，是伪问题、假问题，有的只是问题的表象，有的只是问题的局部，有的是没有多少研究价值的问题，还有的甚至是人造的、其实并不存在的问题。选择不同的问题，会产生不同的结论，导致不同的结果。只有选择真问题，才能写出真正有用的文章。选择什么样的问题，事关文章写作的方向和价值，也体现出作者的眼力、魄力和担当。领导干部要练就一双"慧眼"，善于透过现象看本质，甄别问题的真与伪，找得到、抓得住真问题；也要强化担当精神，敢于选择那些具有代表性、深层次的真问题去研究，真正把时间精力用在刀刃上。

关注时代课题。文章合为时而著。理论文章应该因时而作，用文字体现对时代的关注、对现实的关切，体现领导干部的责任和担当。习近平总书记明确要求，要增强问题意识，聚焦实践遇到的新问题、改革发展稳定存在的深层次问题、人民群众急难愁盼问题、国际变局中的重大问题、党的建设面临的突出问题，不断提出真正解决问题的新理念新思路新

**学术圆桌**

办法。理论文章的选题，就是要倾听时代声音，把握时代特征，聚焦习近平总书记指出的"新、深、难、大"等问题，强化求解思维，通过理性思考，为发展着的实践指明方向、提供方法，努力回答好党中央关心、群众关切、社会关注的热点难点问题。

选择自己能胜任的问题。不少领导都提出，理论文章写作要善于开"小切口"、做"大文章"。党的建设、党的事业各个方面都面临很多课题，亟需深入研究，从理论上作出科学回答。但不同领导干部，因岗位层级、专业背景、工作阅历、理论功底、文字能力不同，所能驾驭的理论问题有大有小、有博有专。实践中，要把握好需要与可能的关系，坚持"有多大锅烙多大饼"，量力而行，充分考虑自身的理论水平、驾驭能力、时间急缓等主客观因素，选择那些大小适宜、自己能胜任的题目，深度挖掘、写深写透，写厚实，写饱满，避免"小马拉大车"，声嘶力竭。

## 三、逻辑要顺，力求言之有法

逻辑性是理论文章的重要属性。好的理论文章，既要用道理征服人，又能用逻辑说服人。毛泽东曾经强调，写文章要讲逻辑，要注意整篇文章的结构，要有一种内部的联系。

**▎学术圆桌 ●**

理论文章要想以逻辑说服人，就要努力把握规律、讲求章法，做到结构合理、层次清晰，避免形式上的松散、杂乱。

掌握基本范式，合理谋篇布局。文无定法，但有大法。每一种特定类型的文章，通常会有因其功能而决定的惯用格式，在实践中约定俗成地形成了一些较为常用的体例，这是文章自身写作规律的体现。理论文章也有约定俗成的体例，其中所蕴含的逻辑关系，本身就具有很强的说服力。定下选题后，要先根据文章类型，选择合适的体例架构，再按照内在逻辑关系确定写哪几个方面、先写什么、后写什么，粗线条拉出提纲，把大的结构、布局、整体思路定下来，文章的四梁八柱就立住了。不同类型的理论文章，又有不同的写作规范，有总分式、递进式、并列式、时间线、三段论等，平时要注意学习研究，掌握经典范式，在写作中转化应用。比如，宣传阐释型的文章，目的是对党的创新理论进行哲理性、学理性阐释，"三个逻辑"就是常用的经典范式。其中，"历史逻辑"基于历史分析，侧重于对历史的必然性和规律性进行概括；"理论逻辑"根植于历史逻辑，侧重于对理论的历史演进进行系统梳理，厘清党的理论创新的"源"与"流"、"守的正"与"创的新"；"实践逻辑"主要着眼现实和当下，侧重于对实践创造的归纳总结、演绎升华，体现历史逻辑和理论逻辑的辩证统一。再比如，评论型的文章，更加突出问题导向和针对性，"三段论"就是一种经典结构，"是什么"侧重写思想认识，"为什么"侧重写对形势的把握，"怎么办"侧重写路径措施，既简洁好用易上手，又说理透彻好理解。

用好归纳和演绎两种基本方法，强化说理的逻辑性。理论文章说理，离不开论证，论证的方法很多，最常用的有归纳和演绎两种。归纳法是从特殊到一般，通过综合分析许多具有内在联系的个别事实的共同特点，总结归纳得出科学结论和一般原理，多用于经验总结，一般是先阐明观点，再给出支撑材料，多选用事实材料进行论证。演绎法又叫"三段论"，通常由"大前提""小前提"和"结论"三个判断组成，是从一般到特殊，先从一个总的原理出发，再引申到对个别事物的解释，并从中推出个别结论，多用于阐释理论方针政策，多选用理论论据进行论证。归纳侧重"论"，演绎侧重"证"。以《求是》杂志2023年第15期的两篇文章为例，《中华民族走向伟大复兴的重要里程碑——纪念中国人民志愿军抗美援朝战争胜利70周年》，采用的主要是归纳法，通过对已经发生的事实、事件等事实论据的归纳和提炼，得出普遍性的结论和启示；《筑牢高水平科技自立自强的根基》，采用的主要是演绎法，先以习近平总书记重要指示或党的二十大报告作为"大前提"，再分析当前形势任务或具体情况作为"小前提"，最后得出具有必然性的结论。

## 四、思考要深，力求言之有识

理论文章，写的是字、说的是理、体现的是思想。理论性、思想性是理论文章的生命所在。衡量一篇理论文章写得好不好，首要标准是看理论厚度、思想含量。写理论文章，只有持续深化理论学习，厚植理论功底，提升思维能力，培养深度思考习惯，才能提炼出有价值的见解和观点，让文字更具穿透力，体现思想的光辉和思辨的力量。

学习掌握马克思主义看家本领。面对同样的客观世界，指导思想不同，看问题的视角就不同，得出的结论也不同，甚至截然相反。认识可以不同，但真理只有一个。马克思主义是科学真理，揭示了人类社会发展的一般规律，是指导中国共产党人认识世界、改造世界的有力武器。从梁家河到中南海，马列著作始终是习近平总书记书单中的重点。虽然我们党执政的内外部环境已发生重大变化，世界百年未有之大变局正加速演进，但正如习近平总书记所指出的："我们依然处在马克思主义所指明的历史时代""马克思主义就是我们共产党人的'真经'""马克思主义基本原理依然是科学真

**学术圆桌**

理"。掌握马克思主义理论的深度，决定着领导干部政治敏感的程度、思维视野的广度、思想境界的高度。领导干部厚植理论功底，深入研读马克思主义著作、掌握马克思主义科学原理是首要途径，也是必须夯实的基本功。当前，领导干部加强理论学习，最为紧要的是深入学习习近平新时代中国特色社会主义思想这个当代中国马克思主义、二十一世纪马克思主义，在自己真正学深悟透、理解掌握之后，进而行诸笔端、写成文章，教育引导党员群众深化学习理解。

努力提升思维能力。"理论只要彻底，就能说服人。所谓彻底，就是抓住事物的根本。"评价理论文章是否具有思想性，很重要的一条就看是否做到了说理透彻。只有看深悟透、抓住根本，才能把道理写清楚讲透彻，这就需要科学思维能力支撑。领导干部提升思维能力的最有效途径，就是按照习近平总书记要求的，坚持"以学增智"，学深悟透习近平新时代中国特色社会主义思想的世界观、方法论和贯穿其中的立场观点方法，并将其转化为自己的科学思想方法，作为研究问题、解决问题的"总钥匙"。要培养深度思考的习惯，努力做到看得深、写得透，既善于把握发展规律、抓住事物根本，把对事物的感性认识上升到理性认识；又能深入浅出地把深刻的道理说清楚、讲透彻，让读者知其然、知其所以

然、知其所以必然。

善于提炼形成好观点。理论文章本质上是议论文，观点就是论点，"观点若好，文成大半"。毛泽东曾多次强调，一篇文章必须有鲜明的观点，而文章的题目和头几句话很重要，要起一个醒目的题目。好观点必须逻辑严密、道理深刻，体现思想性、标识性、创新性的统一，做到"立片言而居要，乃一篇之警策"。好观点不是无源之水、无本之木，而是来自学习、调研和深入思考。可以从党的创新理论中来，基于理论出观点，体现对党的创新理论的学习领会、贯彻落实。比如，当好新时代的"答卷人"、跑好属于我们这代人的这一棒等，都是来自对习近平总书记重要讲话的学习。可以从鲜活实践中来，基于深入调研，总结基层探索，分析共性规律，提升为理性认识。比如，文化和科技融合大有前途、基层矛盾要用基层民主的办法来解决等。也可以从哲学思辨中来，对丰富的感性材料进行加工思考，深入挖掘内在联系，凝练提出标识性概念。比如，从"两只鸟"看结构调整、从"两座山"看生态环境、从"两种人"看"三农"问题等。

## 五、支撑要足，力求言之有据

"论"是理论文章的标识性特征。理论文章，既要论得起

**学术圆桌**

来，又要立得住脚，必须有足够的论据支撑。言之有据，主要指文章的内容要与客观实际相统一，而不是简单引用几句经典论述或领导人讲话、列举一些事实或数字、举几个例子。

全面把握理论和客观实际。对于党的创新理论，要学深悟透，力求整体上把握，作为立论的指导，切忌断章取义、剪裁拼接，合则用、不合则弃；更不能歪曲原意，曲解经典论述为自己所用。对于客观实际，要力求全面考察、整体把握，作为立论的支撑，尽量选取那些高度概括、具备整体性的事实，以体现客观性、代表性，避免选取极端性、片面性案例。实践中，任何人都很难穷尽每一个真理、每一个事物，这样做既缺乏可行性，也缺乏必要性，关键是用好"解剖麻雀"的经典方法，善于从个别到一般，发现包含在特殊性之中的普遍性规律。

观点和论据要统一。理论文章的论据主要包括理论论据和事实论据两种。理论论据，指那些来源于实践，并且已被长期实践证明和检验过，判断为正确的理论、观点。理论文章的理论论据主要包括马克思主义基本原理、革命领袖经典论述、党的创新理论、党的路线方针政策和重要文件等。事实论据主要是用来证明论点的事例、史实和数据，可以直接获取，来源于实践；也可以间接获取，来自于文献、材料。

写作中，必须坚持材料与观点相统一，注重选取那些具备典型性、能够支撑论点、能够反映事物本质和主流的材料，努力做到支撑有力不片面。

论据必须真实可靠。论据的真实性关系文章成败，有些文章就是因为个别论据与事实有细节出入，使人对全部论据的可靠性产生怀疑，进而影响文章的整体说服力。事实论据必须真实、准确，不走样、不夸大、不粉饰；理论论据要全面、完整、准确地把握和反映党的理论路线方针政策；数据要精确，不能弄虚作假、注水掺假；判断要科学，不能违反规律、脱离实际。文章中引用的观点、讲话、文件、史料、典故、数据等，都要有权威出处，确保准确无误。特别是，对于党中央确定的规范表述，要核实准确，不能有任何出入，不能犯低级错误。

## 六、文风要实，力求言之有物

我们党历来高度重视文风问题，认为文风体现作风、关系党风。毛泽东在著名的《反对党八股》中就明确提出"空洞抽象的调头必须少唱"，应"代之以新鲜活泼的、为中国老百姓所喜闻乐见的中国作风和中国气派"。领导干部写理论文章，要贯彻"短实新"的要求，努力做到言之有物。

长短适宜，冗言务去。文章的长短是相对的，取决于文

**学术圆桌**

章的内容，有话则长、无话则短，宜长则长、宜短则短。如果文章选题比较大，内容比较丰富，必须用一定篇幅才能表达清楚，就应该长一些；如果选题切口小，内容比较简单，就要避免短话长说。但是"大道至简"，文章整体上要简约，篇幅和结构要力求精炼，语言表达要力求简洁，在不影响表达内容的前提下能短则短、能精则精、能简则简，要言不烦、意尽言止。能够三言两语说清楚的绝不拖泥带水，能够用短小篇幅阐明的道理绝不绕弯子，避免有长度无力度。

写出新意，体现时代要求。"诗文随世运，无日不趋新。"进入新时代，踏上新征程，事业发展呈现新气象新局面，理论文章也应该展现新的时代精神、时代风貌，使思想和文字体现新的时代要求。观点要新。新思想指导下，看问题必然有新视角，新视角必然产生新思路、新观点。要善于用党的创新理论指导提炼新观点，提出新见解，做到思前人所未思。材料要新。新观点离不开新材料的支撑，随着事业发展，新情况新变化新突破层出不穷，实践基础上的理论创新持续推进，要打开视野、扩宽思路，紧紧围绕文章立意和选题，对最新理论论据和事实论据进行筛选和取舍，注意选取最能支撑新观点的新材料，努力做到论证严谨、支撑有力。表述要新。"语言是思想的直接现实"，新颖的文字会让人眼前一亮、

**学术圆桌**

印象深刻。习近平总书记就很注重表达方式的推陈出新，说了很多前人没有说过的新话语，成了广大群众听得进、记得住、传得开、用得上的名言金句。领导干部也要注重创新话语表达，努力说富有个性、生动活泼的新话，做到言前人所未言。需要注意的是，写出新意，不是刻意求新、搞文字游戏，要少用生僻词、翻译腔、有歧义的表述，更不能为了创新而生造词语和概念。

鲜活生动，做到文质兼备。理论文章的价值在于阐释传播党的理论路线方针政策，既要有政治高度、理论深度，还要有亲和力、感染力，让人爱读爱看、易于接受，才能说服人、掌握人。要着眼大众化、通俗化传播，"走到田间地头找感觉"，注重吸收为群众所接受和认同的表达方式，多用接地气、有活力的话，多用生动活泼的群众语言，讲老百姓听得懂、听得进、能共情的真话实话，少讲正确的废话、照搬照抄的套话、故作高深的虚话、脱离实际的空话，深入浅出阐释原理、宣传政策、回答干部群众关心的问题，以朴实、接地气的方式把理论讲鲜活，吸引人去读，真正把道理、学理、哲理讲到群众心里。

《中国党政干部论坛》（2023年第12期）

**学术圆桌**

# 学习毛泽东文风，推动新时代文化建设

程美东

一个时代里，最深沉、最根本、最长远的问题就是文化，一个时代能够长久流传下来的是文化。毛泽东特别重视文化，在戎马倥偬的战争年代，他从来没有放松过中国共产党各方面的文化建设，他很清楚文化在政治活动、在整个人类社会中的重要性。没有厚实的革命文化为基础，中国革命不可能成功，即使获得军事和政治上的胜利，也不可能取得持久的成功。正因为对于文化的重要性有如此深刻的认识，毛泽东对于文化有关的内容极其重视，他曾经在敌机轰炸、需要紧急疏散的时候，提醒工作人员不要丢掉他的文稿。毛泽东同志诞辰130周年之际，如何将学习宣传习近平文化思想与学习和纪念毛泽东同志结合起来？我个人的体会，在新时代学习毛泽东的文风对于贯彻落实习近平文化思想依然具有重要的意义。

## 一、文风与中国历史

中国历史悠久，但后人真正能概括出来的、能记得住的

**学术圆桌**

东西，主要还是文化上的那些内容。中国历史上朝代众多，汉赋、唐诗、宋词、元曲、明清小说……这些不同的文体形式是我们记忆和勾连历史朝代的重要线索。这些不同的文体又都展示出独具特色的文风。汉朝初年，历经战国以来的数百年战乱分裂，如何治国安邦，恢复天下太平，策论文体应运而兴，痛彻心扉的夸张、语重心长的铺陈的文风尽显。文景之后汉朝在励精图治的基础上真正实现了一统天下的愿望，国运昌盛的现实和理想激荡着人们的心灵，滚烫的热血和着无限的想象，汉赋于兹兴起，这种文风里浸透了一股散漫和豪放的气质。贾谊、司马相如横空出世。六朝时期，结束了汉末以来数百年北方游牧民族对于中原的袭扰，人们在江南获得相对安稳的环境，豪迈之气不再，于是文人们把内心的自傲和对生活的热爱倾注在山水之情的咬文嚼字上，过分讲究对仗工整、字词精炼的骈体文盛行一时。结束四百年战乱、充分实现中华民族大融合基础上诞生的唐朝是一个开放、自信的王朝，以七律五绝为主要形式的唐诗风靡全国，这样的国运使得这个题材的文风既雄浑大气、苍茫辽阔又莺歌燕舞、愁乐并生，呈现多姿多彩的风貌。到了宋代，结束了五代十国的乱局，中国的中心逐渐转移到了长江流域，中国历史进入经济高速发展的时期，突破唐诗那种相对过于规

**学术圆桌**

整的形式的宋词出现。宋词浓墨重彩的艳丽的文风较为浓厚，就是当时繁荣的经济生活和社会伦理道德一度迷离的反应。后人们多少觉得宋词文风总体上不如唐诗，因为它与中华民族自强不息的精神风格有些相悖，吃喝玩乐的内容过多，其实，这不是文人之过，在一定程度上也是国运使然。到了明清，外部虽然封闭，但内部相对稳定，勾栏瓦肆的生活成为时尚，八股文只是少部分文人博取功名的工具，无法反映百姓实际社会生活，导致以俚语俗话表达市井生活内容的小说文体盛行。回顾中国历史，我们可以发现，文风与国运息息相关，文风特征与历史发展、一段时期民族性格的形成有很大的关系。可以说，文风反映国运、文风关乎国运。

## 二、毛泽东的文风特征

胡适说，毛泽东是大陆白话文写得最好的。其实，毛泽东不仅白话文写得好，他的古文功底也很扎实，无论是白话文还是古文，他都运用自如，是公认的文章大家。论文采文风，我党早期领袖中有两个人非常突出，一个是毛主席，一个是瞿秋白。毛泽东总体上属于豪放派，而瞿秋白的文风有江南才子的气质，清新雅丽。

毛泽东的文风有哪些特征呢？我个人觉得至少有以下几

个方面突出的特征：

第一，问题意识明显。1991 年版的《毛泽东选集》一共收录 159 篇文章，仅仅看这些文章的标题立马就让人知道是什么内容，因为这些标题具有强烈的问题意识，像《中国社会各阶级的分析》《湖南农民运动考察报告》《实践论》《矛盾论》《新民主主义论》《论联合政府》……这些标题起得非常好，其要表达的意思一目了然。文章的题目就是文眼，就是要有明确的问题意识，读者一看题目就知道你想要说什么、想干什么。

第二，情感丰富、文字生动。作为政治家，写文章最大的问题是容易没有情感。比如早期党内一些从苏联留学回来的理论家的文章最大的毛病就是"空"，缺乏真情实感。毛泽东虽然是个大政治家，但是他的文章渗透着文采和情感。他自己也说自己是重感情的人，"我太富于感情，中了慷慨的弊病；我因易被感情驱使，总难厉行规则的生活；性不好束缚"。虽然这是他自我反省、提升自己的谦虚之词，但他的文字中渗透的丰富情感是非常明显的。早期毛泽东的诗歌、文字透露着直白的情感。你看他早年祭奠故去的同学的诗句："去去思君深，思君君不来。愁杀芳年友，悲叹有余哀……鸣鸡一声唱，汗漫东皋上。冉冉望君来，握手珠眶涨……望

**学术圆桌**

灵荐杯酒，惨淡看铭旌。惆怅中何寄，江天水一泓"；早年写给杨开慧的诗词："堆来枕上愁何状，江海翻波浪。夜长天色总难明，寂寞披衣起坐数寒星。晓来百念都灰尽，剩有离人影。一钩残月向西流，对此不抛眼泪也无由。"这些文字的文风具有典型的婉约派色彩，生动地说明毛泽东具有多愁善感的一面。但是，毛泽东骨子里豪放之气更为浓厚，你看看1918他写给罗章龙的诗句："君行吾为发浩歌，鲲鹏击浪从兹始。洞庭湘水涨连天，艟艨巨舰直东指。无端散出一天愁，幸被东风吹万里。丈夫何事足萦怀，要将宇宙看秫米。"这是何等的自信、何等的豪情万丈！

第三，精于对仗。毛泽东年轻时对《昭明文选》学得很透彻，那里面南北朝文章收得很多，南北朝骈体文居多，骈体文学好了对联肯定写得好，毛泽东无论文章还是诗词都很注意对仗工整。这方面的例子举不胜举——

1915年悼念同学的对联："胡虏多反复，千里度龙山，腥秽待湔，独令我来何济世；生死安足论，百年会有役，奇花初苗，特因君去尚非时。"

1930年第一次反"围剿"前夕他写的对联："敌进我退，敌驻我扰，敌疲我打，敌退我追，游击战里操胜算；大步进退，诱敌深入，集中兵力，各个击破，运动战中歼敌人。"

141

"坐地日行八千里，巡天遥看一千河。""天连五岭银锄落，地动三河铁臂摇。""四海翻腾云水怒，五洲震荡风雷激。"……这些诗文对仗非常工整，富有鲜明的文字美感。

第四，善于说理，表达流畅。无论是《毛泽东选集》还是《毛泽东文集》，只要初中以上水平的人都会看明白，甚至读一遍就能记住，就是因为毛泽东的文章一直用流畅的文字讲清楚问题、说明白道理，而不是搞文字游戏。理论即使再深奥，毛泽东都能够用通俗的语言表达出来，都能够把其中的道理讲清楚，能够达到深入浅出的效果。

第五，观点鲜明。毛泽东写文章、作讲话，观点非常鲜明，通篇下来没有那种大概、或许、差不多、也可能之类模棱两可、似是而非的表述，基本上都是直抒胸臆、直奔主题。看完毛泽东的文章就知道他想要说什么、想要做什么、能够做什么、怎么去做。所以，这样的文章读起来非常轻松明白，不觉得费劲。

第六，文字简洁，没有生僻字词。有人统计过，《毛泽东选集》四卷总共使用的汉字只有2700多个，小学生都认识，但是整个意思表达却很清晰明白。毛泽东曾经严厉批评那种喜欢用生僻字的做法，认为那是成心让人看不懂、听不懂。

第七，爱憎分明、是非清楚，绝不含糊。丁玲克服重重障碍来到陕北抗战前线，毛泽东毫不隐饰赞美之情："纤笔一枝谁与似，三千毛瑟精兵，阵图开向陇山东。昨天文小姐，今日武将军。"彭德怀在西北指挥军队取得大捷，他泼墨挥毫："山高路远坑深，大军纵横驰奔。谁敢横刀立马？唯我彭大将军。"当他愤怒时也毫不客气地批评、斥责，对于"左倾"党组织在白区城市搞"飞行集会"的行为，直接形容"蠢得像猪"，"那些将马列主义当宗教教条看待的人……说句不客气的话，实在比屎还没有用。我们看狗屎可以肥田，人屎可以喂狗。教条呢，既不能肥田，又不能喂狗，有什么用处呢？"这样的文字浑身上下、里里外外透露着爱憎分明的态度，没有任何含糊的余地。

第八，气势磅礴，酣畅淋漓，一泻千里。毛泽东政论文章的文风占据中国无产阶级、劳苦大众的革命主义、英雄主义制高点，对于中国革命和建设中的问题采取不回避、不透过、不迟疑闪烁的态度，敢于面对问题、勇于回答问题和解决问题，坚定地表达自己的立场和观点，以酣畅淋漓、一泻千里的气势压倒对方，展示出强烈的自信。毛泽东1949年写的五评《白皮书》，可以说是这种文风的最高境界，时至今日仍是政论文的典范。

第九，条理清晰、逻辑顺畅、一目了然。这方面的文风集中体现在《论持久战》一文中。毛泽东在这篇文章中以"中国为什么不能速胜""中国为什么不会失败"为核心论题，深入全面细致地分析了中日双方在政治、经济、军事、国际关系等方面面临的问题，层层递进、点点解剖，最后令人信服地提出了抗日三阶段的论述，雄辩地说明了持久战的必然性。

### 三、毛泽东文风对今天改进文风的重要作用

伟大的时代需要伟大的文化产品。新时代中国特色社会主义的成功，不仅仅体现在政治、经济、社会、生态建设等方面，更体现在文化建设方面，这方面我们取得了世人瞩目的伟大成绩。就我个人的感受来说，像《觉醒年代》《山海情》等文艺作品，像《中国没有辜负社会主义》这样的理论文章，都是新时代文化事业发展中的精品。但是，目前面对"创作生产出无愧于我们这个伟大民族、伟大时代的优秀作品"这样的高要求，我们的文化建设依然任重而道远。目前我们理论界、社会科学界文风建设中一定要防范以下问题的产生和蔓延：

一是没有问题，空话连篇。二是循环论证，语无伦次。三是缺衣少食，形容枯槁。四是不看对象，自言自语。五是

**学术圆桌**

文字粗糙，味同嚼蜡。六是抄袭照搬，文字拼盘。七是东拉西扯，逻辑混乱。八是大题小做，小题大做。九是繁琐论证，不知所云。十是堆砌概念，故弄玄虚。

上述这些问题虽然不是主流，但的确在一些单位一些文章中存在，有的问题可能还比较严重。我们不能讳疾忌医，而要本着"有则改之无则加勉"的态度时时督查自己、拷问自己，这是文化建设中"自我革命"的具体实践的体现。毛泽东同志在中共七大期间曾经对于当时我们面临的困难从17个方面作了预测分析，当时有些人觉得夸大其词，历史实践已然证明，毛泽东的这个防患于未然的论断无比英明和正确。正是提前做了种种困难的心理准备，中国共产党才在抗战胜利后提前主动采取了一系列的措施，才取得了解放战争的胜利，迎来了中华人民共和国的诞生！我们今天仍然要主动检视自己在这方面工作中存在的问题，哪怕是小问题，只有这样，新时代的文化建设才能更加繁荣兴旺！

《中华读书报》（2024 年 01 月 03 日第 05 版）

拓展阅读

拓展阅读

# 毛泽东的"语言地图"与话风文风

陈　晋

近读《阎明复回忆录》，看到一个细节，说他初到中央办公厅翻译组工作时，毛泽东的秘书田家英把自己在工作中多年积累汇编的毛泽东常用词语、词组和成语，一共三大本，送给翻译组的人先熟悉，以便在毛泽东会见外宾做翻译时有所准备。回忆录中写道："汇编中的'跌跤子'、'摸着石头过河'、'一穷二白'、'小局服从大局'、'一个指头与十个指头的关系'等等，我们至今仍然记忆犹新。"

语言是思维的物质外壳，更是心灵的窗户和思想的载体。一个人的语言风格及其传达力度，反映着其内在世界所达到的境界，牵连出对事物的洞见程度。毛泽东表达内心世界的方式很有个性，揭示事物本质的能力颇为独到，对语言词汇的选择异常敏感，说话著文拥有特殊的感染力。说他是语言大师，当不为过。半个多世纪以后，阎明复还对毛泽东的常用词语记忆犹新，即为此理。相信和他有同样感受的人，不在少数。

■ ■ ■

由此曾萌生一个想法，若有人把毛泽东富有创造性的词语，梳理出一些来，考其演变，究其意味，无疑是道别具一格的风景。

毛泽东风云一生，立志改变，事实上确实改变了这个世界上的许多东西。看起来不是那么轰轰烈烈的话风文风，却是他用力甚多的一个领域。他年轻时学师范，想改革教育，认为"非将国语教科书编成，没有办法"。为此，他四处搜集"文字学、语言学"资料做研究。此番用功心迹，在他1919年9月和1920年6月两次写给语言学家黎锦熙的信中，做过比较透底的宣示。他还曾响应胡适多研究些问题的主张，列出了当时社会应该研究的诸多问题，其中两项就是"国语问题（白话文问题）"和"国语教科书的编纂问题"。这样的兴趣和积累，涵养出毛泽东敏锐的语感，对他后来成为语言大师，不是可有可无的准备。

在后来风云纵横的革命家、政治家生涯中，毛泽东很喜欢讲得深透而又通俗明白，给人耳目一新的话风文风。对枯燥生涩、人云亦云、温吞俗套、言不及义的表达，一向深恶痛绝，斥之为"语言无味，像个瘪三"，属于"藏垢纳污的东西"。还极而言之地说，这样的语言表达"流毒全党，妨害革命"，"传播出去，祸国殃民"。经过整顿，党内的话风文风在延安时期大为转变，到新中国成立前后，蔚然而成高屋建瓴、势如破竹的景观。至今还活跃在文坛的王蒙，那时是一个中学生，在其自

## 拓展阅读

传里，说他当时分别听了国民党方面的北平市社会局局长温某某和共产党人李新的讲话，前者"官声官气，拿腔做调，公鸭嗓，瞎跹文却是文理不通"，后者是"共产党人的逻辑、正义、为民立言、全新理想、充满希望、信心百倍、侃侃而谈"。于是得出一个结论：一种旧的政治势力首先从语文的衰落与破产开始了走下坡路的过程，同样，一种新的政治势力的兴起也是从语文上就显示出了自己的力量。"一看语言文字，就知道谁战胜谁了。"这个体会，值得思考。至少说明，当时的进步力量拥有着多么强烈的话语魅力。

新中国成立一段时间后，工作运转逐渐建立起一套机制，文件和文章表达也形成相应规范。面对新的事物和新的时代要求，话风文风有时不免显得尴尬。这让毛泽东又头痛起来。1958年1月，他下决心改变"这种不良的风气"，专门起草了一个《工作方法六十条》，要求话风文风都应当具有三个特点，"准确性、鲜明性、生动性"，还说"现在许多文件的缺点是不讲词章"，"看这种文件是一场大灾难，耗费精力又少有所得"。

毛泽东不光是泛泛批评，若抓住一个具体典型，就很厉害地给以敲打。1958年9月初，他读到两个中央部委联合上报的一份经济文件，觉得基本主张不错，但语言表达实在成问题。这两个部委虽然由一位国务院副总理、一位中央政治局候补委员分别领衔，他还是当即写信给刘少奇、周恩来、邓小平、陈云等 14 位中央领导人，表达气愤："我读了两遍，不大懂，读后脑中无映象。将一些观点揍〈凑〉合起来，聚沙成堆，缺乏逻辑，准确性、鲜明性都看不见，文字又不通顺，更无高屋建瓴、势如破竹之态"。"你们是下决心不叫人看的"。"我疑心作者对工业还不甚内行，还不大懂。如果真懂，不至于不能用文字表现出来"。"讲了一万次了，依然纹风不动，灵台如花冈之岩，笔下若玄冰之冻。哪一年稍稍松动一点，使读者感觉有些春意，因而免于早上天堂，略为延长一年两年寿命呢！"

为批评一份文件的写法，用这样毫不掩饰甚至有点夸张的严厉言词，实不多见。被批评的对象，地位不可谓不高，要求看此信的中央领导，范围如此之广，放到今天，那是不可想象的，似乎有借题发挥的感觉。看来，毛泽东就是要"借题发挥"，事情也还没有完。这两个受到批评的部门很快对文风问题作了讨论，并将讨论情况写成简报送给毛泽东。他看后又批示，要把他此前的批评信多为印发，"以广流传"，下决心改变"逻辑学、修辞学、文学也不懂，写起文章来乱七八糟"的情况。

面对"乱七八糟"的话风文风，毛泽东敢于并且能够大声呐喊，确实有他异于一般政治家的底气支撑。因为他自己就拥有浑然天成的语言表达能力，并且创造了许多让人耳目一新的

## 拓展阅读

词语。在中国历史上，能够有"百代圣贤"影响的人物或典籍，总是以其思想和语言，为中国文化脉象输送新鲜血液，从而丰富着美丽的汉语世界。毛泽东创造的一些词语，至今仍然存活在人们思维和语言表达中，诸如"球籍""指点江山""只争朝夕""糖衣炮弹""朝气蓬勃""为人民服务"，等等。还有些词语，虽非毛泽东原创，却是经他化用、改造、激活后，成为流行语的。诸如"班长""纸老虎""牵牛鼻子""实事求是""治病救人""愚公移山"，以及"枪杆子、笔杆子""东风、西风""批评与自我批评""星星之火、可以燎原""百花齐放、百家争鸣""天要下雨、娘要嫁人""舍得一身剐，敢把皇帝拉下马"，等等。这些词语，由于被放置到中国革命和建设新的语境，做了新的解释，陡然有了新的内涵，新的所指，新的生命力。以"纸老虎"为例，这个说法民间早有，中共早期的领导人中也有人使用过，但它能够流行中国乃至世界，甚至成为一个英语词汇，毫无疑问缘自毛泽东1946年8月同美国记者安娜·路易斯·斯特朗的谈话。可以说，在现当代中国，创造化用如此众多且影响广泛持久的"魅力词语"的人，无出其右。而且，这不只是与毛泽东特殊的政治影响力有关，确实是因为这些词语体现了他要求的语言"三性"：准确性、鲜明性、生动性。

毛泽东创造"朝气蓬勃"一词的过程。1938年4月，毛泽东在对抗大学员的演讲中提出，"要有朝气，就是要蓬蓬勃勃向上发展之气"，这是"朝气蓬勃"一词的最初形态；1939 年 12 月，毛泽东在延安的一次集会上讲，"满堂青年，朝气蓬勃"，这是"朝气蓬勃"一词的诞生之景；1957 年 11 月，毛泽东在莫斯科对留学生们说，"你们青年人朝气蓬勃，正在兴旺时期，好像早晨八、九点钟的太阳。希望寄托在你们身上"，这是"朝气蓬勃"流行中国成为时代语汇之始。如此振叶寻根，观澜索源，读来有趣，也算一家之言。

比如，毛泽东创造的"阳谋"一词，蜚声于人们的话语世界，来自人们关于 1957 年反右派运动的记忆，似乎有些沉重的感觉。实际上早在作家萧军 1942 年 1 月 1 日的日记中，就记载了毛泽东向萧军阐述反对国民党顽固派摩擦时，用了"阳谋"一词，原话是："我向国民党的联络参谋说了：你们看出些什么吗？共产党并没有阴谋，只有阳谋，我下命令了，如果何应钦不反共，我们不反他，他反我们就反，他停我们就停。"1949 年 3 月 13日毛泽东在七届二中全会上讲话，谈到反对教条主义的整风运动，也用了"阳谋"一词："整风运动提高了同志们的嗅觉，缩小了教条主义的市场。有人说，这是阴谋，是要取而代之。其实，这不是阴谋，而是阳谋，也是要取而代之。"从这两个材料可以体会，毛泽东出其不意地创造"阳谋"一词，意在针对并反对"阴谋"，强调没有必要隐瞒自己的主张和观点。无论对党外还是党内，制定政策都应光明正大，并且根据形势的变化来调整政策。反摩擦的斗争，当然是人不犯我，我不犯人，人若犯我，我必犯人；整风运动，不言自明就是要用实事求是的思想路线取代教条主义的市场，和阴谋都扯不上。1957年执政党号召大家提意见，目的是通过整风搞掉官僚主义作风，在出现"轮流坐庄"这类言论后，形势发生变化，及时将政策调整为反右，逻辑上是清楚的，由此引出毛泽东在反右运动高潮时说的，"毒草只有让它们出土，才便于锄掉"，也算是事后对这场运动缘起是"阳谋"而非"阴谋"的一种解释。当然，反右运动犯严重扩大化错误，的确让人痛心。

毛泽东的语言创造，还包括对典籍或民间词语的化用生奇。除了"实事求是""愚公移山""鱼水关系""搬起石头砸自己的脚"这类曾经沉睡的词语，经毛泽东脱胎换骨、旧瓶新酒的发挥起死回生，大放光彩外，还有一些看起来寻常，容易被人们忽略，实则意味深长新意迭见的词语，被毛泽东"拎"了出来，作新的发挥运用。诸如把领导干部比作"勤务员"，把党委书记比作"班长"，把向实践学习比作上"劳动大学"，把思想顽固比作"花岗岩脑袋"，把文武结合比作"枪杆子和笔杆子"，把调查研究比作"解剖麻雀"。这些词语，我们习以为常，以为本来如此，或者"知声不知音，弹弦不弹意"，若考其来历，便知毛泽东创造性转换和创新性发展之功所在。

冯友兰曾提出"抽象继承法"，就是说，对传统文化的某些价值，应该超脱其具体环境，重在继承其精神。对毛泽东创造和化用且影响广泛持久的词语，有的应该在原意上直接使用，有的在正式文件和庄重场合实际上不再使用，有的则可以是抽象继承，要分别不同情况。这是巡看毛泽东的"语言地图"应该注意的。

词语创新，从来不只是语言上的事情。毛泽东的"语言地图"，是昨天讲得很出彩的"中国故事"。我们今天要讲好中国故事，当然要强调话语权，但话语权不只是说话的权力，还包括说话的内容、方式和效果，牵涉到说话者和受众的关系。从这个角度讲，话语权实际上是话风文风上的一种责任和能力，即让受众自觉接受并且能够共鸣互动的责任和能力。如果一个社会缺少这样的责任和能力，是讲不好中国故事的，甚至会生出些滑稽的套用，如毛泽东"将革命进行到底"的名言，不断地被套用成"将爱情进行到底""将炒股进行到底""将评奖进行到底"之类。近年来，党中央大力提倡改变话风文风，反对长话、空话、假话，要求讲短话、实话、新话。习近平总书记一系列重要讲话，率先垂范，"中国梦""讲规矩""软骨病""敢

**拓展阅读**

于亮剑"
"打铁还需自身硬""经济发展新常态""把权力关进制度的笼子""改革只有进行式，没有完成式""不惹事，不怕事"，这些富有感染力和穿透力的治国理政词语，不断吹来清新之风。同时也说明，话风文风固然可以抓出来、促出来，但前提是对事物，对时代，对问题，有自己的分析和概括。为此，回头巡看毛泽东的"语言地图"，也就不是多余之举了。

《党的文献》（2015 年第 6 期）

拓展阅读

# 邓颖超是如何倡导实事求是文风的

孟 红

"实"是优良文风的灵魂。弘扬优良文风关键要在"实"上下功夫，大兴讲真话、讲实话之风。所以，在党的七大报告中，毛泽东要求党的新闻工作者在新闻写作和报道中要向人民群众做真实的报道，力戒空谈，"要讲真话，不偷，不装，不吹"。1958 年，毛泽东在《工作方法六十条》中又指出，文件、文章应该具有三种性质：准确性、鲜明性、生动性。这"三性"都与"实"有关，准确性说的就是"实"，鲜明性、生动性也是"实"的必然体现。实话，自然会言之有物、鲜活生动。邓颖超的一生始终自觉实践实事求是的思想路线，严格恪守实事求是、求真务实的做人处事原则，从不随意妄加夸大和粉饰，总是坚持"事实就是事实"。她在文风方面更是如此。

## 历史事实一定要弄清楚

邓颖超一贯坚持实事求是原则的言行举止及其模范精神，

**拓展阅读**

首先具体地体现在对于宣传周恩来同志的诸多事情的处理意见和果断态度中，从而旗帜鲜明、身体力行地倡导了客观、唯真、求实地尊重和反映历史的正确文风。

1976年底，在周恩来总理逝世一周年前夕，为慎重起见，《人民日报》将三篇悼念周恩来的文章呈送给邓颖超审阅。

邓颖超百忙之余认真审读过这几篇文章后，1976年12月30日晚8时40分，她给报社机要秘书室打去电话。时任《人民日报》总编室机要秘书室工作人员的温宪那时正在总值班室值班。邓颖超在电话中首先问道："你是值班同志吗？"她在得到了肯定答复后，说："我对送来的悼念恩来同志的三篇稿子有点看法，向你谈一下。"她请值班人员向总编辑转告对这三篇稿子的意见，要求对稿子中某些不实之处加以修正。对此，温宪当即作了认真详细的记录。

邓颖超在电话中娓娓而谈。她说："在谈看法之前，我先把一个认识谈一下，我们回忆历史，一定要遵循主席要实事求是的教导，要有严肃的态度，科学的态度。对于历史事实，最重要的是要确切，要完整，要弄清楚。不能只要前半截，不要后半截，不能自己编造。更不能为了吸引人，就哗众取宠，弄得那么神秘似的，什么神奇呀，传奇呀，这都不是实事求是的态度。我们要悼念恩来同志，但不能从中捏造。历史就是历史，事实就是事实，不能胡说。"

略做停顿，邓颖超说："这三篇稿子我一篇一篇地说。第一篇是大寨大队党支部的，讲到周总理三次去大寨，我没有细看。总理三次去大寨，我只去了最后一次。我把我去的那一次中有两处出入用笔划了一下。其他那两次我没去，我没有权力发表意见。"

"另有一篇文章，讲西安事变后，恩来和蒋介石、张学良谈判时，说蒋介石抱头大哭，就根本没有那么回事！当时恩来同志是共产党方面的代表，还有张学良那一方面和蒋介石那一方面，恩来同志是和两方面谈妥以后，见了蒋介石一下，当时蒋介石根本没有抱头大哭！"

"另外就是关于李少石被特务打死的说法。1945年主席到重庆去谈判。一天，突然听到李少石被枪杀。当时以为是特务要谋杀恩来。恩来同志知道后，指示要提高警惕，限期查清。第二天查清李少石并不是特务暗杀的。那一天，由于我们那个车要赶时间，有什么急事，走得很急。前面有一群伤病兵，车在超过的时候，碰了伤病兵，结果我们的车没停，一直跑。伤病兵手里有枪呀，他们就开枪。碰巧，那一天车上就坐着李少石一个人，子弹正中要害，死了。后来那个司机一看闯祸了，就跑了。以后，我们再也没看到过那个司机。所以这个事，开始

159

我们以为是谋杀。后来一查不是。我今天还又问了童小鹏，他也说不是那么回事。原来有一个写恩来同志的单行册子也那么讲，总理曾当面进行过批评。我的意见，在这篇文章里，这事就不要提了。不说实话怎么行？！"

"还有一处，就是关于长沙大火。1938年，那时候国民党对日本采取的是焦土政策。长沙着火时，正巧恩来从武汉撤到长沙。因为国民党当时就是焦土抗战，不能说是国民党搞鬼谋害恩来同志。那时全城都起火了嘛！不能夸大！其他的时间，个别地点上的出入，我就不说了。"

"关于第三篇文章。长征那一段，因我没有和恩来同志在一起，这一段我作不了证。但乍一看就觉得文章里面也有不妥的地方。比如'周总理和毛主席、朱德同志经常在一起'。'总理'这个职务不妥嘛！总理是解放后才当的，当时是什么职务，就写什么职务。"

"新华社也有一个稿子。那个稿子也有出入。比如，在红岩村时，说我和恩来同志经常和战士们浇水、种菜、浇粪，不是事实么！只是偶然一下子，怎么能说是经常做呢？不要渲染，不要吹嘘，不要夸张。还有说恩来在重庆和主席'寸步不离'，怎么寸步不离呢？当时恩来同志非常关心和保护主席的安全，这是事实。但恩来同志要进城找民主党派谈话，主席也要出去，说'寸步不离'起码是不科学。"

"今年恩来同志去世后,我听说有单位将一些文章朗读录音,放了,其实里面和事实有很多不符,当时也没办法。新华社的稿子你们也看一下,你们提法要一致,不能一个这样说,一个那样说。"

粉碎"四人帮"后,一些报刊上发表的纪念周恩来同志的文章中,大都讲到周恩来 1941 年 1 月 18 日上街"叫卖过"或"散发过"《新华日报》一事。

1978 年 8 月,邓颖超接见红岩纪念馆的同志,提及周恩来是不是"叫卖过"或"散发过"《新华日报》一事时说:"搞清楚这件事,是你们红岩的责任。""对恩来的宣传一定要实事求是。"

为此,红岩纪念馆遵照邓颖超的指示精神,认真作了一些调查,并于 1979 年 11 月在《报纸动态》简报第 209 期,刊出了他们的调查报告。

当事人和知情人之一的刘昂看到后,感到还是与事实有些出入。刘昂是蔡和森、蔡畅的姐姐蔡庆熙的女儿,1910 年出生于湖南衡山。不到两岁时,她父亲刘文炳病故,孤儿寡母倍受刘家公婆的虐待。1914 年,外婆葛健豪心疼她们母女,便叫儿子蔡和森到衡山白果把她们接回双峰,从此便与刘家彻底脱离了关系,一直在蔡家这个革命家庭中生活成长,从小就受到进

## 拓展阅读

步思想的熏陶。1937年10月，蔡畅从延安带信来，要刘昂去长沙与八路军通讯处联系。年底，刘昂经徐特立介绍赴延安，先后在陕北公学、抗日军政大学、马列主义学院学习和工作，并加入中国共产党。1940年5月，刘昂被派赴重庆，在中共中央南方局书记周恩来身边任秘书。此后，她一直在国统区从事党的地下工作，历任中共南方局秘书处三科科长、统战委员会秘书、宣传部秘书等职。

1941年皖南事变发生后不久的2月6日上午，周恩来、邓颖超和刘昂从红岩村回到曾家岩50号，邓颖超先回她房间去了。刘昂等随周恩来来到了值班室。等候在那里的一位同志看到周恩来进来了，立即上前汇报说："附近国民党的宪兵把今天的《新华日报》扣留了。"周恩来听后非常气愤，什么话也没说，立即走出大门，向附近宪兵连走去，抗议他们扣留《新华日报》。当时，随周恩来去的有彭海贵、祝华，刘昂和徐冰、张晓梅随后也很快赶到了。站岗的宪兵看到来势不对，不让周恩来一行人进门。周恩来只得站在巷子里同他们理论，坚持要宪兵立即退回被扣的《新华日报》，宪兵不肯退。后来，国民党谈判代表张冲闻讯赶来，他劝周恩来先回曾家岩50号休息，由他来交涉。周恩来态度坚决地说："报纸不退回，我决不走。"2月初的重庆，天气寒冷，周恩来只穿了一件大衣，帽子都没有戴，站在宪兵连部外的那条小巷子里，一直坚持了好几个小时。经过周恩来面对面的斗争，国民党宪兵才被迫退回他们扣留的《新华日报》。周恩来拿到报纸后，分给报童一部分，他自己还拿了一些。随行的同志们簇拥着周恩来走出巷子，向上清寺走去。这时附近的群众争着要看《新华日报》。周恩来一边走，一边把报纸散发给他们。报童们受周恩来自然而然表现出来的正义一身气宇轩昂、革命必胜豪迈气概的感染，情绪十分激昂，"卖《新华日报》"的声音震响山城。邓颖超当时不在场，所以她没有印象。

有一次，刘昂见到邓颖超时，邓颖超特意同她谈了关于周恩来有没有"卖过"或"散发过"《新华日报》一事。刘昂把她见到的真实情况向邓颖超作了详细的报告。刘昂还说："总理叫卖过报，不仅不影响他的形象，反而会使人感到周恩来在复杂的环境中领导斗争艺术的高超。"邓颖超当即点头表示认可，并说那天她不在场。

至此，周恩来是否上街"叫卖过"或"散发过"《新华日报》一事，终于按照邓颖超的意愿搞清楚了。

在这前后，邓颖超发现有的同志所写的跟随周恩来战斗在重庆的回忆文章中，有些情节与史实有一定的出入，提出应该更正。比如，有的文章写1945年9月初的一天晚上，毛主席、周副主席和董必武等应邀出席了一个集会。而实际上，董必武

**拓展阅读**

当时还在美国旧金山出席联合国会议。又如，文章中对曾家岩50号"周公馆"的一些描述也不真实，说二楼住的都是国民党军统头子戴笠安插的"内勤"。事实是，二楼住的是傅作义将军的部下刘瑶章（新中国成立后，他曾任水利部办公厅主任和全国政协委员）；三楼住的是侍从室主任贺耀祖的夫人倪斐君为团长的战地服务团。

为此，1985年10月，邓颖超重访重庆曾家岩期间，专门澄清了这些史实。

1982年第一期《文物天地》刊载了《周恩来同志在珞珈山》一文。

邓颖超看到这篇文章后，发现里面描述的有些情节与史实有出入，便将刘昂叫去。邓颖超说："周恩来在珞珈山住的这幢房子，是国民党军事委员会政治部分给的。不是为了僻静到风景区去住，更不是为了比较容易会见设在珞珈山的国民党军官训练团中的一些要求进步的军官。"文中还有其他一些史实，她也要求刘昂认真地核对一下。

于是，刘昂约了当时在武汉办事处工作过的邱南章和当过周恩来司机的祝华到刘昂家一起回忆，又向童小鹏、赖祖烈询问了一些相关情况。

刘昂经这一番核实后，随即按照邓颖超的意见，给《文物天地》编辑部写去一封信。不久，编辑部很快在第二期上将这封信的内容刊登了出来，对原文中不符合事实的地方，一一作了如实的更正。

## 写文章不要言过其实

1977年，著名党史学家胡华带领中国人民大学党史教研室和中国革命博物馆的几位同志研究周恩来的青少年时期，并很快写出了书稿。他很想听听邓颖超对书稿的意见。经和邓颖超的秘书赵炜联系，邓颖超表示愿意看看书稿。

在抽空仔细通览了书稿后，这年的11月15日晨，邓颖超将撰稿人之一程振声叫去，讲她对书稿的意见，详尽地整整讲了一个上午。

首先，她从题目讲到怎样历史地、实事求是地写出一个人的成长过程。她说："根据我已经看过的内容，对书名提点意见。因为是讲周恩来同志青少年活动，用'故事'二字不妥。"她亲笔改为《青少年时期的周恩来同志》。她又说："这本书是根据真人真事写出来的，用'故事'二字就冲淡了它的真实性。书名请胡华同志再考虑一下。"后来她还拿出一本《西行漫记》给程振声看，并说："我过去看过斯诺写的《西行漫记》。第四章讲《一个共产党员的来历》就是主席的生平，这是主席讲的，斯诺写的。

**拓展阅读**

后来又经过主席修改过。我推荐给他（指胡华同志）看看这一节。""你看这本书一是写的青年时代；二是长沙时代；三是革命前；四是革命时代；五是苏维埃运动；六是红军长征。不是说一切都是按照主席这样来写。问题是，我们学习主席是怎样看待一个人的成长，以便能够历史地、实事求是地写出恩来同志的经历。"

其次，她说："'五四'以前恩来同志的活动我不是很清楚。在书中把主席的活动和恩来同志的活动连在一起，这样不合适。主席是我们伟大的领袖和导师，恩来同志是我们党的领导人。希望把这部分（指把主席与总理连着写的几十段）删掉。那样写，给人的印象是牵强附会。"她接着说："不管是写'故事'也好，不管是写历史也好，一定要有辩证唯物主义和历史唯物主义的观点。比如：第59页中写道：'大家都高兴得互相拥抱。'这怎么可能呢？这个'拥抱'，在解放前，咱们中国没有这个习惯。解放后迎接外宾的时候，人家来拥抱了，咱们也拥抱；人家不拥抱，咱们也不拥抱。书中那样写，好像60年前就有这个习惯了，这样就不实际了。"她还说："关于他（指周恩来）在南开的情况，我不甚了解。只是在文字上提出些意见。但在事实上也没多大问题。我是在五四运动以后认识他的。我看了十五段，可以肯定。"

■ ■ ■

最后，她强调指出："首先是文风，其次是实事求是。实事求是就是用辩证唯物主义和历史唯物主义写东西，写文章，讲话。不要言过其实，特别是现在更不要言过其实。延安整风的时候反对党八股，现在我们反对党八股言过其实。这个问题要考虑，比如第二个题目'从小立志救国'，这个题目好像古人讲'少有壮志'。这样不行，好像有点林彪的'天才论'了。过去有人讲到主席青少年的事情时，主席讲过，我那时是个小孩子嘛。所以，关于第二个题目，他（指恩来同志）那时才十二三岁，这样写就不符合事实了。这个题目要改，怎样改？请胡华同志斟酌一下，是不是可以改成'开始关心国事'，好不好？"

她把亲笔修改过的那一稿让程振声拿给胡华看，为什么这样改，让程振声解释给胡华听。

后来，程振声逐字逐句向胡华汇报了邓颖超的具体修改意见。胡华非常重视这些珍贵实在的意见，表示一定按照她的意见修改书稿。

## 编文集必须要踏实精细

还是在中央文献研究室的工作人员刚刚开始编辑《周恩来选集》时，邓颖超就对研究人员说，你们选周恩来同志的文稿，"一定要有确实依据证明它是恩来同志的东西时才能用，不要根

## 拓展阅读

据分析或猜测。在没有证实之前，宁舍勿选"。她还这样强调地提醒过他们："希望你们编文集要改变作风，不要搞突击，赶节日"。"出文集什么时候都可以，不要采取突击完成任务的方法"。"要踏实、要精细、要实事求是，要唯物主义"。在几次谈话中，她不止一次地教导编撰人员要实事求是。她说，对于领导人物，不要总想方设法把正确的东西放在他们身上，这不是实事求是。她指出，领导人物的思想也是有发展过程的。例如，觉悟社是什么性质的团体？有的认为是革命组织……邓颖超就没有赞成这种看法，后来写为进步团体，她才点了头。她说，在觉悟社时，就是周恩来，信仰也还没有定，是后来到了欧洲后才确定的。

1982 年 4 月，邓颖超在接见中央文献研究室周恩来著作生平研究组的几位同志时说："你们不仅要研究恩来同志的生平和著作，还要研究中央其他同志的生平和著作，甚至研究党史、中国历史。你们文献研究室要注意恢复历史本来面貌的问题。"她在听读了《周恩来传》的部分章节后，在写给我们的信中指出："你们在写周恩来时，对他既不要颂得过高，也不要贬，应当实事求是。"

邓颖超不仅给以如此谆谆指导，而且处处给编撰工作以极大的帮助。十多年来，编辑出版的有关周恩来的书籍，无一不凝聚着邓颖超的大量心血。在她身上，人们能时刻感受到她尊重史实、求真务实的可贵工作作风。

当送去周恩来的有关文稿时，邓颖超总是在日理万机中抽出时间仔细核阅，反复核实史实，及时退回。读了她退回的文稿，编撰研究人员无不为她那种认真的精神、细致的作风和惊人的记忆力而感动和叹服。譬如，收入《周恩来选集》上卷中的《关于一九二四至二六年党对国民党的关系》的文稿，由于是1943年周恩来在重庆中共中央南方局干部学习会上所做报告的记录稿，原稿的不少地方缺字漏字，特别是一些人名和史实不太清楚，整理时困难不少。是邓颖超倾心帮助核定了不少史实，提出了不少重要的建议。编辑《周恩来书信选集》时，邓颖超不仅亲自挑选出周恩来曾经写给她的十多封书信，而且还提供了不少征集书信的重要线索，为编好这本书带来了不少方便。又例如，1979年，邓颖超在核阅周恩来关于大革命时期我党同国民党的关系的文稿时，两次打电话给编撰人员说，文稿中讲当时各省国民党的主要负责人大都是共产党员，在北方只提于树德不够，建议加上李大钊和李锡九两个人的名字（邓颖超和李锡九在大革命时期都担负着中共天津地委和国民党直隶省党部的领导工作，在推动北方的革命运动中，共同的革命目标使他们经常接触，彼此深为了解）。她说，那时我在北方，对北方党的情况比较熟悉，李永声（即李锡九）的工作很活跃，他是第一次国共合作中有贡献的历史人物，"希望李琦同志不要因为他是自己的外祖父而回避，应当尊重历史史实"。

除了核阅周恩来的相关文稿外，邓颖超还对中央文献研究室撰写的纪念周恩来的有关文章也都认真阅读，提出过不少重要的修改意见。比如，她在阅读《艰难而光辉的岁月》一文后，写去的信中指出："在这篇文章中你们只写了恩来同志保护党内干部，却忘记了写他还大量地保护民主党派人士、爱国人士和其他一些知名人士。我几次外出碰到一些同志，他们都向我谈起如何受到总理保护才被解放"。"从统战工作考虑，对大批党外人士的保护，这也是个很重要的关键性的问题，写上较为妥当。"

## 新闻报道要坚持实事求是

1983 年 10 月，邓颖超曾经为一本上海出版的《新闻记者》刊物题词："《新闻记者》和新闻工作者，要做好新闻工作，必须根据四项基本原则，并结合用眼、用手、用脑、用笔，实事求是的反映新闻，要不断改进文风。"她说"字写得不好，但所写的几句话确是我的肺腑之言。"这一题词很有针对性，无疑是对新闻工作者的亲切教导。

1979 年 10 月的一天，邓颖超正在人民大会堂江苏厅处理公务，一位与她比较熟悉的报社记者，趁她休息之际将一篇采访她之前会见日本朋友的稿件清样送给她审阅。

邓颖超戴上老花眼镜，非常认真地将这篇题为《中秋佳节话友情》的稿件清样看完，然后和蔼地把这位记者叫到身边坐下，微笑着问他："你说绢花能盛开吗？"这位记者不明就里，立即回答："不可能！"

邓颖超又问："那你文章中怎么说'人民大会堂江苏厅秋菊盛开'呢？"记者一时语塞，脸唰地一下红到了耳根。

"你看这里摆放的秋菊都是绢制的"，邓颖超边说边用手指着不远处的秋菊让记者看，"我说的没错吧！"记者连忙红着脸点头称是，并且心中暗自钦佩地想：她的头脑是如此睿智，眼睛又是如此犀利！真是一针见血啊。

接着，邓颖超话锋一转，神情严肃地指着稿件中的一段文字对这位记者说："今天这篇稿子总体上写得不错，反映出了中日人民之间的友好情谊。但写会见结束前日本朋友唱歌这一段，不符合实际嘛。你文章中写日本朋友唱了《歌唱敬爱的周总理》一首歌，可那天日本朋友明明唱了《歌唱敬爱的周总理》和一首我们国家的民歌，两首歌嘛。为什么要这样写呢？"记者一听有点紧张起来，低声喃喃地说："您是周总理的夫人，日本朋友又非常崇拜周恩来总理，所以我们想在报道中突出一下他和您。"

### 拓展阅读

邓颖超听后看了记者一眼，提高声音循循善诱地说："不能因为周恩来曾经是总理，我是他的夫人，就这样写报道，这样既不符合实际情况，也不好。要写，两首歌的歌名都写上，要么就只写日本朋友唱了两首中国歌曲。想突出我，就说人家只唱了歌唱周恩来的歌，这不对。我是人民的公仆，会见日本朋友是我的工作。再说中日人民友好关系的建立，是党和国家工作的结果，不是哪个人的功劳，请你回去后立即改过来，然后再见报，而且以后不要再出现类似的问题。"最后，邓颖超语重心长地对那位记者说："你们做记者的写文章，一定要实事求是，每一个细节都不能马虎；我们的新闻报道，一定要真实、确切。"

显然，邓颖超是要求做记者的在报道一些事情、人物情况时，一定注意不要臆测推断，更不要添油加醋，必须尊重事情的本来面目，如实反映。这样写出来的东西让人看了才会信服。

《福建党史月刊》（2016 年第 08 期）

# 毛泽东怎样写文章

杨明伟

作为举世公认的理论大家和文章大家，毛泽东是怎样写文章的呢？总体来看，毛泽东喜欢写生动活泼的文章，讨厌枯燥乏味的"八股文"。他的精彩文章多种多样，写法也神采各异，不能以一个标准来衡量。仅就毛泽东如何写理论文章而言，以下几方面特别值得我们学习和借鉴。

## "分析中国的实际问题"——以问题为切入点

因矛盾而思考，由问题而切入。毛泽东写文章从来不是为写而写，一定是以问题为切入点，从问题意识开始下笔。以收入《毛泽东选集》开篇之作的《中国社会各阶级的分析》为例，开头语即提出"谁是我们的敌人？谁是我们的朋友？"这是中国革命的首要问题。他沿着这个问题对当时中国社会各个阶级的思想生活状况以及他们的实际举动进行生动而非呆板的分析，在文章结尾处给出明确的结论：哪些阶级是"我们的敌人"，哪

**拓展阅读**

些阶级是"我们最接近的朋友"，哪些人"可能是我们的敌人"，哪部分人"我们要时常提防他们，不要让他们扰乱了我们的阵线"，并特别强调，"工业无产阶级是我们革命的领导力量"。毛泽东的其他文章也大都是围绕问题展开的。

问题意识不是凭空产生的，"问题"是从实际中来的，从调查研究中得到的。这就是毛泽东为什么要不断强调"不做调查没有发言权""不做正确的调查同样没有发言权"的道理。毛泽东一针见血地指出，没有调查研究写出的文章就是"闭着眼睛在那里瞎说"。他认为瞎说"是共产党员的耻辱"，因此他提出"一切结论产生于调查情况的末尾，而不是在它的先头"。并反复提醒人们，写文章前如果"不到工人、农民、社会中去调查，不到群众中去调查，不在斗争中逐步深入调查研究"，就"不可能写出来"。

提出问题后，还要学会用科学的方法来分析问题和解决问题。毛泽东特别强调，大家在写文章或发表演说的时候，要"学会应用马克思主义的方法去观察问题、提出问题、分析问题和解决问题"。他赞赏这样的理论家："能够真正领会马克思列宁主义的实质，真正领会马克思列宁主义的立场、观点和方法""并且应用了它去深刻地、科学地分析中国的实际问题，找出它的发展规律，这样才是我们真正需要的理论家"。

■ ■ ■

## "一定要有明确的观点"——不能满足于现象罗列

既注重运用鲜活材料，又讲究观点鲜明。毛泽东多次强调，一篇文章必须讲出一定的道理、有鲜明的观点，反对材料或现象罗列。他指出，既然问题提出来了，"你总得赞成一方面，反对另一方面"；如果写文章或发言只提出一大堆材料，不提出自己的观点，不说明赞成什么反对什么，"这种方法更坏"。"对事物有分析"的文章才"有说服力"，"要学会用材料说明自己的观点。必须要有材料，但是一定要有明确的观点去统率这些材料"。

一篇文章要做到观点鲜明，就必须坚持真理。毛泽东认为，写文章或做演说，所阐述的问题，只要是反映科学的、真理的内容，就"决不怕人家驳"。他提出："共产党不靠吓人吃饭，而是靠马克思列宁主义的真理吃饭，靠实事求是吃饭，靠科学吃饭。"正因为共产党人坚持的是真理，所以要敢于亮出自己的鲜明观点。毛泽东强调："我们共产党人从来认为隐瞒自己的观点是可耻的。我们党所办的报纸，我们党所进行的一切宣传工作，都应当是生动的，鲜明的，尖锐的，毫不吞吞吐吐。这是我们革命无产阶级应有的战斗风格。"这里反映的就是毛泽东坚持真理的思想品格，也是他写文章的一贯风格。

观点鲜明的文章，一般都是精炼且言之有物的。毛泽东认为，文章应该"写得短些，写得精粹些""最不应该、最要反对的是言之无物的文章""应当禁绝一切空话"。他在《反对党八股》一文中，列举的"党八股的第一条罪状"就是"空话连篇，言之无物"，并批评道，"我们有些同志欢喜写长文章，但是没有什么内容，真是'懒婆娘的裹脚，又长又臭'。"他断定写这样文章的人，"只有一种解释，就是下决心不要群众看"。他甚至提出，"主要的和首先的任务，是把那些又长又臭的懒婆娘的裹脚，赶快扔到垃圾桶里去。"毛泽东认为，那种没有明确观点、只会简单列举材料的文章的写法，"实在是一种最低级、最幼稚、最庸俗的方法"。

## "要有比较恰当的表达方式"——必须抛弃"党八股"

一篇文章在提出问题并亮明观点后，"还要有比较恰当的表达方式告诉别人"。这是毛泽东写文章特别看重的。他认为，写文章和讲话一样，一定要看对象；如果不看对象，写出来的都是"党八股"式的文章，就会"害人不浅"。毛泽东比喻说，射箭要看靶子，弹琴要看听众，写文章做演说更要看读者、看听众，"乱讲一顿，是万万不行的"。

要养成人民群众喜欢的生动活泼、新鲜有力的文风。毛泽东历来强调，文章所用的语言要丰富，文字要有味道，"如果一篇文章，一个演说，颠来倒去，总是那几个名词，一套'学生腔'，没有一点生动活泼的语言，这岂不是语言无味，面目可憎，像个瘪三吗？"人民群众"不欢迎他们枯燥无味的宣传，我们也不需要这样蹩脚的不中用的宣传家"。毛泽东主张，要想做到语言上生动活泼、新鲜有力，就必须向三个方面学习：第一，"要向人民群众学习语言。人民的语汇是很丰富的，生动活泼的，表现实际生活的"；第二，"要从外国语言中吸收我们所需要的成分"，但不能变成"洋腔洋调，中国人写文章没有中国味道"，要有"中国气派、中国风格"；第三，"还要学习古人语言中有生命的东西"。写文章或者做演说，如果具备了这三个方面的语言，就自然体现了"生动活泼新鲜有力的马克思列宁主义的文风"。这样的文风，体现了共产党人的风格，也有利于党和人民的事业。

文章最终要"交由人民群众去考验"。毛泽东认为，写文章是要吸引人去看的，如果文章吸引不了人看，这样的文章是发挥不了实际作用的。吸引人的文章，除了前面提到的有问题意识、有鲜明观点、有生动活泼的语言等因素外，毛泽东还强调了几点：一是文章标题要"吸引人看"，特别是理论文章和评述类的文章，"标题要吸引人看，这很重要"。但吸引人并不是哗众取宠，也不是空洞无物，而是要有实际内容，因此"标题必须有内容"。二是文章写完后要经得起反复审看，不能匆匆忙忙"拿出去害人"。写文章"是专为影响人的"，写好之后不能"马马虎虎地发表出去"，而要"多看几遍，像洗脸之后再照照镜子一样"，"重要的文章不妨看它十多遍，认真地加以删改，然后发表"。三是写出的文章要经得起群众"考验"，一篇文章形成观点的过程，就是"从群众中来"的过程；而把自己的观点和思想传达给别人的过程，就是"到群众中去"的过程，"人脑制成的这种完成品，究竟合用不合用，正确不正确，还得交由人民群众去考验。如果我们的同志不懂得这一点，那就一定会到处碰钉子"。因此，只有那些群众看得懂的、喜闻乐见的文章，才经得住"考验"。毛泽东的众多精彩文章特别是理论文章不拘一格的写法，恰恰说明一篇好文章并不是学问家的玩味品，也不是理论家纯个人的思想产品。写出的文章要符合理论与实际相结合的方向，文章所反映的思想总得回到实践中去、回到群众中去，被群众认知和掌握，从而解决实际问题，特别是解决群众在思想和生活中遇到的各种难题。

总之，毛泽东说过："文章和文件都应当具有这样三种性质：准确性、鲜明性、生动性。"从一定意义上讲，"准确性"，针对的就是要能够准确抓住所提出和想解决的问题，把反映中国实际和人民群众愿望的问题提炼出来；"鲜明性"，针对的就是要有鲜明的观点，赞成什么、反对什么，在概念、判断和推理上逻辑要清晰，态度要鲜明；"生动性"，针对的就是要有生动活泼的语言，要有人民群众喜闻乐见的形式，能够吸引人去看。毛泽东所写的文章，大体都是建立在这"三性"基础上的，使用的是"生动活泼切实有力"的语言和逻辑，所以他的文章看起来带劲，正如他自己所比喻的"像一个健康人"；而毛泽东反对的"党八股"类的文章，正如他所比喻的"瘦得难看，不像一个健康的人"。毛泽东作为理论大家、文章大家，真可谓文如其人！

《学习时报》（2022 年 01 月 31 日第 A1 版）

# 周恩来怎样写文章

## 毛　胜

　　周恩来一生心忧百姓、操劳国事，呕心沥血、任劳任怨，真正做到了鞠躬尽瘁、死而后已。所以，他给人们留下的第一印象，是精力超人、才能出众的实干家、组织家，是伟大的无产阶级革命家、政治家、军事家、外交家。其实，周恩来也是伟大的马克思主义理论家，在运用马克思主义基本原理解决中国具体问题的长期实践中，写过大量的文章、文件、书信、电报，作过很多重要的报告、讲话，为毛泽东思想的形成和发展作出杰出贡献。周恩来的文章和讲话，要言不烦，观点鲜明、质朴有力，为我们学习"短、实、新"的优良文风树立了典范。

## 直截了当　言简意赅

　　周恩来作报告、写文章，从不拖泥带水，能够三言两语说清楚的事绝不绕弯子。所以，他留下了许多简短、精炼的好文章。

　　1926 年冬，随着北伐战争的节节胜利和工农群众运动的迅猛发展，国民党右派势力加紧进行反革命活动，掀起一股反对国共合作和工农运动的逆流。中国共产党内以陈独秀为代表的右倾思想发展为右倾机会主义错误，不敢坚持无产阶级的领导权，对国民党右派迁就退让。在这种背景下，周恩来在中共两广区委机关刊物《人民周刊》上接连发表《现时政治斗争中之我们》等文章，直截了当地指出国民党右派势力存在这个客观事实："国民革命是各阶级联合的革命，不同的阶级性反映到国民党内自也形成了各派。过去，右派很显然地做了许多反共、反俄、反工农以及勾结旧势力的工作。"进而旗帜鲜明地提出"被压迫最苦的工农阶级自然需要有专门为他们阶级谋利益的共产党为之奋斗"，共产党人自然需要"时时刻刻帮助左派同右派作理论上和事实上的争斗"。这篇文章作为《周恩来选集》的开卷篇，全文只有2000多字，但深刻阐述了共产党员可以加入国民党、但共产党决不能失掉自己独立性质的道理，有力回击了国民党右派的进攻，也抵制了党内的右倾机会主义错误。

1927年4月12日，蒋介石在上海发动反革命政变后，周恩来立即给中共中央写了意见书《迅速出师讨伐蒋介石》。仅用700多字，就清晰分析了当时的政治军事形势，指出如果革命力量继续动摇妥协，整个革命必然根本失败，主张采取坚决措施挽救革命。10年后的1937年11月13日，在全民族抗日战

## 拓展阅读

争开始不久，他又从山西临汾给中央发电报，同样是只用了 700 多字，分析了日寇侵占太原后，蒋介石国民党失败求和的空气渐浓，必须反对妥协求和，坚持华北抗战。他在文中强调，当时的抗日战争必须着重于游击战，要扩大红军，争取和影响友军，实现地方政治民主化等。电报发出后，周恩来 11 月 16 日在临汾的群众大会上发表演讲《目前抗战危机与坚持华北抗战的任务》，进一步从战局、国际、军事、民众动员 4 个方面，具体分析了抗战形势，指出国内外妥协调解空气渐渐抬头，发生了"汉奸政权的活跃""投降主义的生长""特殊化思想的增长""'失败主义'情绪的发生"等危机，并深刻分析坚持华北抗战的可能及其前途，提出实现华北持久战的任务，最主要的是"军队的改造""开放政权""开放民运""肃清汉奸"。这篇 3000 多字的著名演讲，切中时弊、环环相扣，对动员华北人民坚持敌后抗战产生了很大的影响。

1945 年 8 月，在日本刚宣布投降时，周恩来为中共中央起草的《目前紧急要求》，全文不足 500 字，但紧密联系全国人民渴望和平民主、蒋介石蓄意挑动内战和加强独裁统治的局势，提出了撤退包围和进攻解放区的国民党军队以避免内战、召开各党派及无党派代表人物的政治会议、成立联合政府等 14 项要求，言简意赅、重点突出。这些内容体现在 8 月 25 日《中共中央对目前时局的宣言》中，对号召和鼓舞全国人民坚持和平民主团结，为建设独立自由富强的新中国而奋斗，起到很大的作用。

## 有感而发　实事求是

周恩来作报告、写文章，总是着眼于实践，从来不是为讲而讲、为写而写，所以他的长篇文章也是有一说一、有二说二，没有空话套话。

比如，周恩来长期从事和领导统战工作，对党的统战工作有过很多论述。1945 年 4 月 30 日，他在党的七大上作《论统一战线》的长篇发言，从五个阶段系统地阐述抗日民族统一战线的形成和发展过程，从敌人、队伍、司令官 3 个方面深刻总结统一战线工作的经验教训。这篇发言通过一个个具体事例，发挥了毛泽东关于抗日民族统一战线的策略思想。文章包含了丰富的历史经验，回答了人们关切的问题，有针对性和可操作性，产生了重大影响。1962 年 4 月 18 日，周恩来在全国政协三届三次会议上的讲话《我国人民民主统一战线的新发展》，亦是如此。他坚持问题导向，明确指出人民民主统一战线的新任务，是"在社会主义改造和社会主义建设取得伟大成果的基础上"，"团结一切可以团结的力量，动员更多可以动员的因素，来参加社会

## 拓展阅读

主义建设，扩大我们的民主生活"。要把政协包括各民主党派、各人民团体所联系的各方面的人们都动员起来，团结奋斗，争取新的胜利。

又比如，周恩来十分重视党的建设，撰写了很多重要文章。写于 1928 年 11 月的《坚决肃清党内一切非无产阶级的意识》，深刻论述了政治建设和思想建设的关系，分析了党内小资产阶级意识的种种表现，指出这些小资产阶级的意识时时在破坏党的组织，妨碍党的工作，全党同志应坚决地起来肃清一切非无产阶级的意识。写于 1943 年 4 月的《怎样做一个好的领导者》，向党的各级领导干部提出了全面的要求，强调正确的领导必须经过实际的调查研究，使当时当地的特点与党的总任务联系起来，以确定一个时期的任务和方针，规定适当的口号和策略，并从实践中证明党的路线和策略是否正确；必须把领导者与群众两方面的经验综合起来，领导才是正确的。写于 1963 年 5 月的《反对官僚主义》，指出"官僚主义是领导机关最容易犯的一种政治病症"，并列举了官僚主义的 20 种表现，强调"官僚主义在我们执政的党内，在我们的国家机关内，的确是十分有害、非常危险的"，必须坚决加以克服。周恩来的这些论述，至今仍有重要的指导意义。

## 思想深刻　富有新意

着眼于实践，不仅有利于防止理论脱离实际，不讲不着边际的话，也有利于在探索规律、认识真理上有新发现，讲出前人没有讲过的新话。周恩来的很多讲话、文章，都在解决新问题上提出了重要的思想和主张。

人们经常提到周恩来关于知识分子的 3 篇讲话，就是因为讲了新话、有所创新，成为新中国成立后我们党在知识分子问题上的重要文献。一是 1951 年 9 月在北京、天津高等学校教师学习会上的讲话《关于知识分子的改造问题》，根据当时从旧社会过来的知识分子的实际情况，论述了知识分子应如何从民族立场到人民立场，更进一步到工人阶级立场，以及在学习和实践中分清敌我友，努力进行自我改造，做到为人民服务，给知识分子指明了前进的方向。二是 1956 年 1 月在中共中央召开的关于知识分子问题会议上的报告《关于知识分子问题的报告》，强调进行社会主义建设，必须依靠体力劳动和脑力劳动的密切合作，依靠工人、农民、知识分子的兄弟联盟。鲜明地指出我国知识界的面貌在过去 6 年来发生了根本变化，知识分子的绝大部分已经是工人阶级的一部分。三是 1962 年 3 月在广州的讲话《论知识分子问题》，针对 1957 年以后在知识分子问题上出现"左"的倾向，对我国现代知识分子的发展过程进行了科学

## 拓展阅读

分析，对他们的地位和作用作了充分肯定，指出知识分子属于劳动阶层。强调要改善党同知识分子的关系，对知识分子要给以信任，帮助他们解决问题，使知识分子积极发挥才能。

同知识分子政策一样，周恩来在经济建设方面也提出了许多理论观点，为探索中国社会主义建设道路作出重要贡献。1949 年 12 月，他在《当前财经形势和新中国经济的几种关系》的讲话中，强调"生产是我们新中国的基本任务"，创造性地分析了新中国几种主要的经济关系，提出了正确处理城乡关系、内外关系、工商关系、公私关系、劳资关系、上下关系的原则，明确提出农业是基础、工业是领导的观点。这篇讲话是周恩来在深入研究实际情况的基础上，对经济工作进行全盘性思考的理论总结，对指导新中国经济建设有着重大意义。尤为重要的是，他在几届政府工作报告中关于经济建设的论述，贯穿了实现四个现代化、建设社会主义强国的中心思想，产生了深远影响。1954 年 9 月，他在一届全国人大一次会议上指出，经济建设工作在整个国家生活中已经居于首要的地位，我国伟大的人民革命的根本目的，是解放我国的生产力，使我国国民经济能够沿着社会主义的道路得到有计划的迅速的发展，以便提高人民物质生活和文化生活的水平。并第一次向全国人民提出了在我国建设现代化的工业、现代化的农业、现代化的交通运输业

**拓展阅读**

和现代化的国防的任务。1964年12月，他根据毛泽东的提议，在三届全国人大一次会议上正式提出实现农业、工业、国防和科学技术四个现代化的宏伟目标。1975年1月，他在四届全国人大一次会议上再次重申了这个宏伟目标，报告中的这段话就是《周恩来选集》的终卷篇《向四个现代化的宏伟目标前进》。

可以告慰毛泽东、周恩来等老一辈革命家的是，在他们带领党和人民建设社会主义的基础上，我们如期实现了第一个百年奋斗目标，在中华大地上全面建成了小康社会，正在意气风发向着全面建成社会主义现代化强国的第二个百年奋斗目标迈进。

《学习时报》（2022年02月02日第A1版）

# 刘少奇怎样写文章

刘荣刚

刘少奇作为党的第一代中央领导集体的重要成员，作为卓越的马克思主义理论家，坚持把马克思列宁主义基本原理同中国具体实际相结合，留下了数百万字的著作和文章，为中国革命和建设的胜利发挥了重要作用，为毛泽东思想的形成和发展作出了重要贡献。在今天，这些著述对坚持和发展新时代中国特色社会主义仍具有重要意义，对宣传阐释好党的基本理论、基本路线、基本方略仍具有示范作用。

## 适应时代需要和实践要求

刘少奇一生，撰写了大量文章，如《工会工作中的两个问题》《用新的态度对待新的劳动》《关于白区的党和群众工作》《争取全国民主统一与党在统一战线中的领导权》《抗日游击战争中的若干基本问题》《论共产党员的修养》《六年华北华中工作经验的报告》《论党》《在全国土地会议上的结论》《对马列学院第一班学员的讲话》《论新民主主义的经济与合作社》《新中国经济建设方针与问题》《共产党员标准的八项条件》《党在宣传战线上的任务》《在中国共产党第八次全国代表大会上的政治报告》《如何正确处理人民内部矛盾》《我国应有两种教育制度、两种劳动制度》《在扩大的中央工作会议上的讲话》等。

这些文章，多与刘少奇的经历和实践相联系，包括职工运动和工会工作、白区工作和群众斗争、敌后工作、抗日战争策略、党的建设和干部工作、土地改革、经济建设、党的组织和宣传工作、党的各项政策等方面，阐述了党的路线、方针和政策，阐明了自己的思想、观点和看法，提出了解决实际问题的思路、原则和方法。这些文章，有刘少奇自己撰写、以笔名或化名发表在报刊上的文章，有在一些场合的讲话或演讲、经整理修改后形成的文章，有在各种会议上所作的报告等。一些较为重要的文章，后来收入到《刘少奇选集》《建国以来刘少奇文稿》《刘少奇论合作社经济》《刘少奇论党的建设》《刘少奇论新中国经济建设》等文集、文稿或专题文集中。刘少奇关于怎样撰写文章的专门论述并不多，但我们从这些文章中，可以了解刘少奇是怎样撰写文章的。

刘少奇撰写的文章，多是根据时代和形势需要，带有时代的痕迹和实践的特点。后来，他对自己早期文章作过评价。1961

年，刘少奇审看《刘少奇选集》初选目录时，认为一些文章如不作较大修改难以出版，提出不希望编辑自己的选集。这体现了刘少奇的自谦，也反映了他的文章特点。

## 注重实践经验的总结和运用

刘少奇一生，坚持以马克思列宁主义为理论指导，注重对实践经验的总结和运用。1964 年，他在同有关同志交谈时说，接近群众，写东西，应该好好工作，更好地钻马克思主义，钻实际。所谓理论联系实际，最后都落到群众工作上，带领群众前进。这是刘少奇超乎常人的意志和忍辱负重的精神的写照，也是他的文章具有坚持真理的品格和实事求是的特点的原因所在。

刘少奇十分重视马克思列宁主义对实践的指导作用。早年他通过阅读《共产党宣言》等马列主义著作，加深了对党的认识，加入了中国共产党。他知道，很多党员都有一个大的弱点，就是在思想上的准备、理论上的修养是不够的，是比较幼稚的。因此，提出要加强党内的理论学习。他认为，共产党员加强修养的一个重要方面，就是提高理论素养，"学习马列主义毛泽东思想的基本知识"。他主张，学习理论最为关键的是把马克思列宁主义这一普遍真理同中国革命具体实践相结合。否则，就是跛足的马克思主义者、爬行的马克思主义者。正因为如此，刘少奇撰写的文章，特别重视坚持理论与实践相结合的方法，注重用马克思列宁主义的方法分析实际问题，形成正确的方针政策，然后再放到群众中去实行。

1956 年，刘少奇主持起草党的八大政治报告时，根据党的历史发展和实践经验，特意加了一段文字："从我们党的历史可以得出这样的结论：党的经验多少和党的领导人选对于党是否犯错误有重要的关系，但是关系更重要的，是各个时期广大党员首先是党的高级干部是否善于用马克思列宁主义的立场、观点和方法去总结斗争中的经验，坚持真理，修正错误。这是考验党的干部的马克思列宁主义觉悟水平高低的主要标志。"可见他对实践经验的重视程度。

刘少奇撰写的文章，很多观点来自对实践经验的总结和运用。比如，1962 年他在七千人大会的报告中，针对当时党风方面存在的不良风气，讲了"吃亏、占便宜"的问题。他说："那些说老实话、做老实事的老实人，虽然在某些时候可能吃点亏，但是，最后是决不会吃亏的，他们一定会取得我们党和人民群众的最大的信任。"这个问题，他多次讲、反复讲，既是个人实践的总结，也是一生实践的体现。

## 深入调查研究

刘少奇一生，坚持从实际问题出发，注重深入调查研究。1961年，他在湖南调研时同中央工作组同志谈话说，调查，要有目的，是为了解决问题而调查，不是为调查而调查。作调查是认识世界，认识世界的目的是改造世界，在改造世界中又进一步认识世界。认识世界和改造世界要统一起来，认识世界以后改造世界，在改造世界中更深刻地认识世界。同年，他在同《人民日报》有关同志谈话时说，报纸工作人员是调查研究的专业工作人员。报上的一切文章都应当是调查研究的结果。调查研究是一门学问。记者和编辑要认真作调查研究工作，要决心作一个实事求是的、马列主义的新闻工作者。刘少奇是这么说的，也是这么做的。

刘少奇撰写的文章，很多都是调查研究的产物，提出了许多真知灼见。1956年以后，我国社会上出现一些新情况、新问题。毛泽东提出关于正确处理人民内部矛盾的理论后，刘少奇表现出强烈的理论兴趣，并用来指导实践。1957年，他利用两个月时间到河北、河南、湖北、湖南、广东五省，对人民内部矛盾的状况进行调研。他经过调研认为，人民内部矛盾当时大量地表现在人民群众同领导者的矛盾上，处理好这种矛盾关键在领导方面。他在上海作了《如何正确处理人民内部矛盾》的报告，这是刘少奇对人民内部矛盾理论的重要贡献。

1961 年，面对国民经济困难，刘少奇到湖南农村开展了为期 44 天的调查。为了使大家说真话，他在会议开始时说："我是向大家求教的。这次中央办了错事，我们对不起大家，向大家道歉。但是改正错误要了解真实情况，希望大家帮助我，向我提供真实情况。"刘少奇的诚恳态度感动了群众。在调查研究的基础上，刘少奇鲜明提出造成当时经济困难的原因："从全国范围来讲，有些地方，天灾是主要的原因，但这恐怕不是大多数；在大多数地方，我们工作中间的缺点错误是主要原因。"这些讲话，后来收入到《刘少奇选集》中，成为珍贵的历史文献。

## 认真修改、精益求精

刘少奇撰写的文章，很多都经过反复修改，体现了他思维缜密、精益求精的特点。我们可以从他修订《论共产党员的修养》一文窥见一斑。

1939 年，刘少奇《论共产党员的修养》出版单行本后一版再版，历时几十年经久不衰，在马克思主义政党建设史上占有重要地位。每次再版，刘少奇都要认真校阅、修改。1962 年，《人民日报》、《红旗》杂志重新发表《论共产党员的修养》一文，人民出版社出版单行本。刘少奇又做了重要补充和修订，在"理

拓展阅读

论学习和思想意识修养是统一的"等章节中加强了理论论述，补充了关于党的战略策略思想的重要内容，强调了共产党员在党取得政权后更要加强思想意识修养等。

刘少奇修改党的七大党章时，对"任何"两字的取舍，也反映着他对撰写文章的态度。1945年七大党章，强调了保证党与广大群众联系的群众路线，强调了扩大党内民主，也就是党内的群众路线，包括党员有在一定的会议上批评党的任何工作人员的权利。对于这条内容，刘少奇反复思考，拿他自己的话说，就是"动摇了几回"，"任何"两字写了又圈掉，圈了又写上。他当时倾向于给党员这个权利，认为这样虽会出一些乱子，但没这一条，乱子会更多。经过讨论，大家同意新党章写上这一条，但将"在一定的会议上"改为"在党的会议上"。

刘少奇撰写文章的态度，也体现在他修改别人的文章上。1951年，为庆祝中国共产党成立30周年，胡乔木撰写了《中国共产党的三十年》一文。刘少奇对这篇文章作过两次集中修改，修改了480多处。《建国以来刘少奇文稿》收入其中一部分内容。刘少奇补充了一些重要观点，如提出中国革命的两个根本问题，增加了党成立以后工人运动的情况。他特别重视史实的准确性，完善了一些史实，如关于遵义会议，修改后的表述是："为了挽救在危险中的红军和中国革命事业，党在一九三五年一月，由

**拓展阅读**

于毛泽东同志及其他同志坚决的斗争，在贵州遵义举行了党的中央政治局扩大会议。在多数同志的觉悟和拥护之下，遵义会议撤换了'左'倾机会主义分子的领导，确立了毛泽东同志在中央和全党的领导地位。""及其他同志""和拥护"等字，是刘少奇加写的，他严谨认真的态度和对撰写文章的要求跃然纸上。

《学习时报》（2022 年 02 月 04 日第 A1 版）

拓展阅读

# 朱德怎样写文章

左智勇

朱德的一生有丰富的革命实践，也有众多著述，很多是影响深远的名篇。对于文章的写作，朱德有着自己的看法和做法。

## 以马克思主义为指导

马克思主义是朱德一生所系。他始终认为，只有马克思主义才是解决中国问题的真理。他说，"马列主义是反对黑暗与落后，尊重科学与文明的。马列主义的本身，就是科学的最高成果。"1941年8月3日，为庆祝陕甘宁边区自然科学研究会第一届年会召开，朱德在延安《解放日报》上发表了《把科学与抗战结合起来》一文。在文章中，朱德指出，"马列主义乃是一切科学的最高成果，它的世界观，它的方法，当然也适用于一切科学。掌握了它，可以使一切科学得到新的发展。""唯物辩证法的哲学，是人类五千年科学思想的结晶。"因此，必须学习马克思主义，以马克思主义的观点来认识和解决一切问题。写文章亦如此。

除了要以马克思主义为指导，还要大力宣传马克思主义的基本理论。1940 年 8 月 20 日，为总结八路军、新四军中党的领导工作经验，朱德撰写《党是军队的绝对领导者》一文。在文中，朱德提出，"从党员方面来说，最需要的是一般的常识和思想意识的锻炼。因此，通俗的小册子——常识的和支部生活的，是最缺乏的又是最适合的读物，应注意设法解决。从干部方面来说，他们需要的是马列主义的理论与实际政策教育"。因此，必须努力为广大干部群众提供马列主义教育素材，文章的写作要以此为目标。

## 坚持无产阶级立场

朱德认为，文艺要为现实服务。"一个好的艺术家，应当同时是一个政治家。在阶级社会里，艺术是为一定阶级服务的，绝对不能超然。""艺术家要加强自己的政治修养，才能做一个好的艺术家。"写作文章，也要为一定的阶级服务，要站稳阶级立场。他的文章，从早期的《怎样创造铁的红军》到晚年的《从南昌起义到上井冈山》，每一篇都闪耀着马克思主义的光芒，都站在无产阶级立场上来阐述问题，都在为党的工作服务。1931年 7 月，面对敌人的第三次"围剿"，朱德十分清楚，要胜利地完成这一艰巨任务，除了确定正确的作战方针之外，还必须加强党对红军的绝对领导，提高军队的素质。他撰写了《怎样创造铁的红军》一文。在文章中，朱德指出，在当前这种严峻的形势下，"创造铁的红军是目前党的最迫切最重要的任务之一。"怎样创造铁的红军呢？朱德提出了六个基本条件：确定红军的阶级性、无条件地在共产党领导之下、政治训练的重要、军事技术的提高、自觉地遵守铁的纪律、要有集中的指挥和统一的训练。他反复强调，"红军的战斗力，不仅是靠军事技术的条件来决定，最主要的是靠红军的阶级政治觉悟、政治影响，发动广大工农群众，瓦解敌人的军队。"政治性，是创造铁的红军的关键，也是文章写作的中心思想。朱德的这篇文章，对提高红军的作战能力，取得第三次反"围剿"的胜利，起了重要的指导作用，它对以后红军的建设也有很大的意义。

## 为服务现实而展开

文章是表情达意的工具。主题是文章中通过具体材料所表达的基本思想。朱德的文章，主题都十分鲜明，都围绕着为现实服务而展开。

朱德的文章，极具针对性。全面抗战开始以后，他对抗战会是一场怎样的战争，中国共产党在对日作战中应该采取怎样的战略战术等问题进行了认真的思考。1937年6月12日，为提高红军军事学识，总结国内战争的宝贵经验，以迎接即将到来的民族革命战争，中央组织设立军事研究委员会，朱德任主任。朱德和红军其他领导人做了大量的研究工作。他说，"当我们由内战进入抗战时，面对着的敌人是日本军队，我们便不固执内战的经验，而是加以必要的改变和提高，充分研究敌情来下决心，来决定战法。"1938年，朱德撰写重要著作《论抗日游击战争》，全面论述了抗日游击战争的重要意义和政治、经济、人员、武器、交通等重要因素，反映了他在这段时间里研究的成果。这部著作对全面抗战初期敌后抗日游击队雨后春笋般发展起来起了重要的指导作用。

　　朱德也把文章当作是战斗的工具。1940年7月24日，他在延安鲁迅艺术学院作报告时指出：三年来敌人的特务机关通过新民会、宣抚班，统制了新闻杂志书籍，组织了各种欺骗宣传团体，出版了大批的报纸、杂志、小册子、传单，来宣传"建设东亚新秩序""日满支提携"和反共，以及进行各种挑拨离间的宣传。而我们则首先经过部队的宣传部门，并取得抗日政权和群众团体的配合，出版了大批的报纸、书籍和相当多的宣传品，在部队中还发动每一个战士进行宣传工作。我们宣传的中心内容是坚持抗战，坚持团结，指出新民主主义的中国的前途。因技术和各种条件的限制，在宣传手段上远不及日本帝国主义，但是我们拥有真理，同广大群众有密切的联系，使群众从自己的切身经验中认识到我们正确，所以群众是拥护我们的。因此，他强调，"如果我们的宣传工作做得更好，同艺术工作结合得更密切，则我们的成绩将更大。"为此，他指出，"艺术家应当参加实际斗争"，要创作出好的作品，"我们应当使它成为我们手中的武器。"

朱德还把文章当作总结经验教训的手段。他指出，"中国革命之所以能够从胜利走向更大的胜利，是有很多成功经验的。这些历史经验要好好总结，好好运用，并加以发展。"他的很多文章都是对于历史经验的总结概括。1933 年五六月间，为总结第四次反"围剿"战争中创造的新经验，朱德撰写了《黄陂东陂两次战役伟大胜利的经过与教训》《谈几个战术的基本原则》等文章。在《黄陂东陂两次战役伟大胜利的经过与教训》中，他认为，黄陂、东陂两次战役之所以取得如此巨大的胜利，主要原因是实行了战略转变。在《谈几个战术的基本原则》中，朱德强调中国工农红军要加强理论研究，努力做到理论与实践相结合，并论述了六条战术基本原则。这些从革命战争的实践中总结出来的战略战术原则，是朱德的军事思想的重要组成部分，对指导红军的作战有重要的意义。

■ ■ ■

## 言之有物，言之有据

板凳要坐十年冷，文章不写一字空。朱德的文章，都来源于生活，不空谈。在《谈几个战术的基本原则》一文中，他引用苏联军事学校的标语"离开理论的实践，是盲目的实践；离开实践的理论，是空洞的理论"，指出要从实践和理论中来提高军事技能，特别是红军指挥员和政治委员更要以身作则来提高军事技能。因此，他"联系实际战斗的经验，来抓住军事理论的研究，提出以下几个战术的基本原则"。从实践中来，到实践中去，文章才具有生命力和感染力。

另外，朱德十分注重材料的收集和运用。1945年4月25日，朱德在党的七大上作《论解放区战场》的军事报告。在报告里，他指出，"在这样持久的作战过程中，八路军、新四军、华南抗日纵队、各解放区人民和我们共产党人所蒙受的苦难和牺牲，是说不尽的，写不完的。我在这里不准备多说，但我应该在这里向大家报告一些概括的数字，说明在这种残酷的战斗和牺牲中，中国人民得到了些什么。"他详细列举了八路军、新四军和华南抗日纵队从1937年9月到1945年3月七年半时间里的战绩，并且指出，"这些数目字，明白指出解放区战场人民战争的伟大发展，与国民党战场的溃败形成极其明显的对照。"详实的数字，胜过千言万语，让文章极具说服力。

拓展阅读

## 结构合理，通俗易懂

　　好的文章必须要谋篇布局，做到逻辑分明、结构严谨。朱德在战场上运筹帷幄，指挥千军万马，在文章写作上同样条理清晰，脉络明确，整齐划一。1932年7月20日，时任中央革命军事委员会主席兼第一方面军总司令的朱德，发布训令，要求各级指挥员"无论命令、通报、报告，首先要写明发出的时间及地点，特别是在情况急速变迁时，常在短时间内下达两种不同处置的命令，若不将时间、地点写上，则收信者便不能从发信的先后来判断应当执行哪一个指示"。1949年4月11日，朱德向第四野战军高级干部做报告，他指出，"在实际斗争中学习，这种学习是很重要而且不可缺少的。如大家就是在战场上、工作中学会本领的。这是很实际的、很好的学习，但必须提高。大家要把实际斗争的经验总结起来，提高一步，使之条理化。"他还"希望同志们将我军在土地革命战争、抗日战争和解放战争中的丰富的战争经验收集和整理起来，作为我军今后的新的教程，愿大家共同努力完成这一任务"。

　　"一名之立，旬月踟蹰。"好的文章，除了科学合理的谋篇布局外，还离不开高超的语言艺术。朱德同样十分注重文章的语言表达，提倡语言文字的大众化和通俗化，写老百姓看得懂的文章。他指出，"我们的艺术作品不是给少数人看的，而是给中国广大民众和军队看的。我们必须认清对象，面向群众，面向士兵。""认清对象，便提出一个问题——艺术的民族形式和民间形式的问题，也就是大众化和通俗化的问题。"因此，"我们不能笑它俗气而摈弃它。"而"要虚心向群众学习，倾听群众意见，才能进步。不要老想着'文章自己的好'"。

《学习时报》（2022 年 02 月 07 日第 A1 版）

拓展阅读

# 邓小平怎样写文章

蒋永清　叶帆子

　　邓小平的文章主题深刻，聚焦实践、语言朴实简洁又活泼生动、感情真挚。他的文章，就如同中国画中的大写意手法，用风云际会的如椽大笔，写就党带领人民开创中国特色社会主义的壮丽诗篇。

## 主题深刻，立意高远，科学阐释中国特色社会主义一系列基本问题

　　在中国特色社会主义的开创过程中，邓小平的文章深刻总结新中国成立以来正反两方面经验，围绕什么是社会主义、怎样建设社会主义这一根本问题，阐释建设中国特色社会主义的一系列基本问题。

　　"文化大革命"结束后，在党和国家面临何去何从的重大历史关头，《"两个凡是"不符合马克思主义》《完整地准确地理解毛泽东思想》《在全军政治工作会议上的讲话》等文章强调实事

求是是毛泽东思想的精髓，对支持和领导开展真理标准问题大讨论、推动各方面拨乱反正发挥了重大作用。邓小平在1978年中央工作会议上所作的《解放思想，实事求是，团结一致向前看》实际上成为党的十一届三中全会的主题报告，是解放思想、开辟新时期新道路的宣言书。

邓小平在1982年的《中国共产党第十二次全国代表大会开幕词》中提出"走自己的道路，建设有中国特色的社会主义"的响亮口号。在推进改革开放和社会主义现代化建设的伟大实践中，邓小平的一系列文章，站在时代要求、国家发展、人民期待的高度，为伟大事业提供了强大思想武器和理论指导。比如，《我们把改革当作一种革命》《改革是中国发展生产力的必由之路》等深刻阐释改革开放新时期最具鲜明特点的一系列重大问题。《建设社会主义的物质文明和精神文明》阐释"两手抓、两手都要硬"重要思想。《一个国家，两种制度》《保持香港的繁荣和稳定》阐释"一国两制"科学构想。《和平和发展是当代世界的两大问题》《在军委扩大会议上的讲话》阐释时代主题。《一切从社会主义初级阶段的实际出发》《十三大的两个特点》阐释社会主义初级阶段基本理论。《党在组织战线和思想战线上的迫切任务》《中央要有权威》阐述加强和改善党的领导。

1992年，在党和国家发展的又一个紧要关头，《在武昌、深圳、珠海、上海等地的谈话要点》从理论上深刻回答了长期困扰和束缚人们思想的许多重大问题，是又一个解放思想、实事求是的宣言书。

文以载道。邓小平的文章（包括谈话整理的文章），主题立意高远深邃，意义非凡。深刻揭示社会主义本质，深刻揭示如何解放和发展社会生产力，使人民摆脱贫困、尽快富裕起来，深刻揭示如何为实现中华民族伟大复兴提供充满新活力的体制保证和快速发展的物质条件。

## 取材广泛，聚焦党和人民进行革命、建设、改革的伟大实践

邓小平的文章素材取自党领导人民进行革命、建设、改革的鲜活实践，贴近实际，生动丰富，毫无空泛之谈。

抗日战争初期，邓小平在山西做统战工作，《动员新兵及新兵政治工作》就是对统战工作经验教训的总结和分析。在领导晋冀鲁豫根据地建设中，《党与抗日民主政权》全面阐述了中国共产党按照"三三制"原则建设抗日民主政权的主张。解放战争时期，党中央为适应形势的需要决定调整新区政策，邓小平撰写的《贯彻执行中共中央关于土改与整党工作的指示》结合实际对中央指示进行了全面系统的阐发，得到毛泽东高度重视，

成为阐述新解放区土改政策重大调整和转变的标志性文件之一。

在 20 世纪 60 年代克服国民经济困难的艰苦岁月中，邓小平主持中央书记处工作，开展了大量调查研究。《提倡深入细致的工作》《重要的是做好经常工作》《在扩大的中央工作会议上的讲话》等文章开始对"大跃进"运动的错误进行深刻反思。"文化大革命"中，《全党讲大局，把国民经济搞上去》《军队整顿的任务》等文展现了他大刀阔斧开展全面整顿、同"四人帮"进行针锋相对斗争的勇毅决心。

进入改革开放后，邓小平听汇报，进工厂，下农村，访家庭，通过实地走访掌握了大量第一手材料。在调查研究的基础上，经过深入思考，他的文章往往鞭辟入里、一针见血。《办好经济特区，增加对外开放城市》是视察深圳、珠海、厦门三个经济特区后推动对外开放迈上新台阶的里程碑之作。《科学技术是第一生产力》《中国必须在世界高科技领域占有一席之地》等文中阐述的重大论断推动我国快速缩小整体科技实力与世界领先水平的差距。《社会主义的中国谁也动摇不了》《国家的主权和安全要始终放在第一位》《中国永远不允许别国干涉内政》是在东欧剧变、苏联解体前后，成功应对一系列风险挑战的经典之作，彰显了邓小平驾驭复杂局面的卓越能力。

邓小平文章的取材丰富还体现在他爱用数字、善于"算账"。

## ▌拓展阅读

《跃进中原的胜利形势与今后的政策策略》中用算账的方式一笔笔勾画出了跃进中原的大好形势。《关于西南地区的土改情况和经验》中用关于县区、人口、粮食等内容的一个个具体数字总结了西南地区的土改经验。

这其中，最典型的就是为确立小康社会目标的一次又一次"算账"。《关于经济工作的几点意见》阐释了设计 20 世纪末人均国民生产总值 1000 美元目标的思考过程："据澳大利亚的一个统计材料说，一九七七年，美国的国民生产总值按人口平均为八千七百多美元，占世界第五位。第一位是科威特，一万一千多美元。第二位是瑞士，一万美元。第三位是瑞典，九千四百多美元。第四位是挪威，八千八百多美元。我们到本世纪末国民生产总值能不能达到人均上千美元？……现在我们的国民生产总值人均大概不到三百美元，要提高两三倍不容易。"后来，根据国民经济调整的实际，又对小康目标进行了调整："经过这一时期的摸索，看来达到一千美元也不容易，比如说八百、九百，就算八百，也算是一个小康生活了。"

### 语言简洁深刻，文风活泼生动，感情真挚自然

邓小平的文风言简意赅、简约朴实。《邓小平文选》第三卷共收录文章 119 篇，最短的不足百字，最长的南方谈话也只有

7500 字。

简约朴实并不等于简单化，而是在简洁中体现出深刻的思想性。比如"发展才是硬道理""贫穷不是社会主义""稳定压倒一切"等，都是用浅显明了、简练有力的语言表达了内涵丰富的理论观点。这些论断迅速流传，成为人们耳熟能详的金句。

比起长篇大论，思想深刻的简约语言往往更能体现出掷地有声的力量感。《我们对香港问题的基本立场》中关于主权问题的阐述就是鲜活的例子："主权问题不是一个可以讨论的问题""如果中国在一九九七年，也就是中华人民共和国成立四十八年后还不把香港收回，任何一个中国领导人和政府都不能向中国人民交代，甚至也不能向世界人民交代。""如果十五年后还不收回，人民就没有理由信任我们，任何中国政府都应该下野，自动退出政治舞台，没有别的选择。"斩钉截铁的语句宣示了中国人民的伟大气魄、力量和决心。

邓小平的文章是用以指导人民进行革命实践活动的，因此，他经常巧妙地运用人民群众喜闻乐见的俚语俗谚。比如，形容改革开放"胆子要大一些，敢于试验，不能像小脚女人一样"，讲到精简军队的意义时说"虚胖子能打仗"？在《怎样恢复农业生产》中，为形象地表达关于恢复农业生产的措施，引用了一句四川俗语："刘伯承同志经常讲一句四川话：'黄猫、黑猫，只要捉住老鼠就是好猫'。"在《各方面都要整顿》中，谈到同派性作坚决斗争的立场时举例说："有个'老大难'单位，过去就是老虎屁股摸不得。后来下了决心，管你是谁，六十岁的老虎屁股也好，四十岁的老虎屁股也好，二三十岁的老虎屁股也好，都得摸。一摸，就见效了。"这些生动活泼的语言使得邓小平的文字更为贴近生活，易于被群众接受。

感人心者，莫先乎情。邓小平的文章之所以吸引人，还在于饱含着真挚的感情。这种感情首先是对人民的爱。邓小平文章中提及次数最多的就是人民，直接抒情的对象也是人民："我是中国人民的儿子，我深情地爱着我的祖国和人民。""我们太穷了，太落后了，老实说对不起人民。我们现在必须发展生产力，改善人民生活条件。""我们要想一想，我们给人民究竟做了多少事情呢？我们一定要根据现在的有利条件加速发展生产力，使人民的物质生活好一些，使人民的文化生活、精神面貌好一些。"

除了对人民的大爱，邓小平的文章中不乏对个人感情的娓娓道来。有对毛泽东的敬仰："没有毛主席，至少我们中国人民还要在黑暗中摸索更长的时间。毛主席最伟大的功绩是把马列主义的原理同中国革命的实际结合起来，指出了中国夺取革命胜利的道路。"有对周恩来的怀念："我们认识很早，在法国勤工俭学时就住在一起。对我来说他始终是一个兄长。我们差不多同时期走上了革命的道路。他是同志们和人民很尊敬的人。"

《学习时报》（2022 年 02 月 09 日第 A1 版）

拓展阅读

# 陈云怎样写文章

熊亮华

陈云是老一辈无产阶级革命家，在70年的革命生涯中有着丰富的实践，创造了光辉业绩，也留下大量著述。三卷《陈云文选》收入著作190篇，70多万字；三卷《陈云文集》收入著作388篇，约130万字。他的著作集中了他的思想和观点。从他各个时期的大量文章和提纲手稿可以看到，他虽然工作繁忙，但写文章总是坚持亲自动手。文如其人，陈云写文章也体现着他的思想、作风、个性的鲜明特点。

## 直面问题阐明思想观点

陈云写文章不是简单就事论事，而是十分注重文章的思想性。他勤于学习，善于总结思考，找出事物的规律性，形成独到的新思想、新观点，因而他写的文章也很有思想深度。1982年，陈云谈到他1949—1956年期间的文稿时说："在那一阶段里，我可以放开手脚干，所以许多观点讲得更充分一点。因为碰到了问题，才出了新的观点，不碰到问题出不了新观点。"

《陈云文选》收入的第一篇文章《中国民族运动之过去与将来》发表于 1926 年 7 月，陈云那时只有 21 岁，是商务印书馆发行所店员。他利用商务印书馆的独特优势，读了很多书，思想认识上有了极大的提高，树立起为无产阶级事业奋斗终身的信念。他站在工人阶级历史使命的高度指出，"有组织有力量的几十万工人，已经成为中国民族运动的先锋"。

1939 年 5 月，时任中央组织部部长的陈云，针对大批新党员还没有养成遵守纪律习惯的问题，写了《为什么要开除刘力功的党籍》一文，以新党员刘力功违反党的纪律、拒不服从组织分配而被开除党籍的具体事例，对党员进行深刻的纪律教育。文中指出："中国革命是长期艰苦的事业，共产党及其党员没有意志行动的统一，没有百折不回的坚持性和铁的纪律，就不能胜利。"

新中国成立后，陈云主持财经工作。在"一穷二白"的基础上进行社会主义建设没有现成经验可循。陈云于 1954 年 6 月写的《关于第一个五年计划的几点说明》，研究了国民经济按比例发展的问题，包括农业与工业的比例、轻重工业之间的比例、重工业各部门之间的比例、工业发展与铁路运输之间的比例、技术力量的需要与供应不平衡问题、财政收支以及外汇平衡、

## ▌拓展阅读

购买力与商品供应之间平衡等。文中指出："按比例发展的法则是必须遵守的，但各生产部门之间的具体比例，在各个国家，甚至一个国家的各个时期，都不会是相同的。一个国家，应根据自己当时的经济状况，来规定计划中应有的比例。""我国因为经济落后，要在短时期内赶上去，因此，计划中的平衡是一种紧张的平衡……但紧张决不能搞到平衡破裂的程度。"综合平衡思想是陈云实践探索的成果。

党的十一届三中全会后党和国家工作重点转移到社会主义现代化建设上来，陈云 1979 年 3 月写的《坚持按比例原则调整国民经济》一文，指出中国的现实情况是制定建设蓝图的出发点。"我们搞四个现代化，建设社会主义强国，是在什么情况下进行的。讲实事求是，先要把'实事'搞清楚。这个问题不搞清楚，什么事情也搞不好。"根据当时的中国人口百分之八十在农村、工业基础和技术力量落后、比例失调情况相当严重的问题，他阐明搞现代化不按比例、靠多借外债靠不住的观点。

陈云在文章中阐发的新思想新观点，是他革命实践的理论升华和经验总结，是他留给后人的宝贵精神财富。

### 讲清情况找出解决方法

陈云写的文章言之有物、言之有据，这与他始终坚持实事求是、注重调查研究的思想方法和工作方法是分不开的。他坚持"不唯上、不唯书、只唯实，交换、比较、反复"的唯物辩证法，主张"应该用百分之九十以上的时间去弄清情况，用不到百分之十的时间来决定政策"。他写文章也总是在调查研究的基础上，把真实情况摆出来，再提出切实可行的解决问题的办法。

陈云于1939年下半年写了《巩固党和加强群众工作》《开展群众工作是目前地方工作的中心》等几篇关于群众工作的文章，就是基于他对华北根据地党的建设的调查研究。当时延安与华北敌后阻隔，他派组织部巡视团到华北检查工作，又同来到延安的华北敌后9个乡的党支部书记谈话。陈云在文章中介绍了许多调查研究的情况，指出党在华北工作最弱的一环是群众工作，开展群众工作是目前地方工作的中心，敌后根据地在完成自上而下建立工作的阶段后，应该进入由巩固下层来加强上层的阶段。

陈云于1962年初写的《目前财政经济的情况和克服困难的若干办法》《在中央财经小组会议上的讲话》两篇文章，对三年困难时期的形势作了符合实际的估计，提出可靠的解决办法，是陈云财经工作的重要一笔。为此，他在会前作了大量调查研究，1961年6月下旬到7月上旬他还到上海市青浦县小蒸人民公社进行了15天农村调查。文章中，陈云用调查研究掌握的大

## 拓展阅读

量数据、事例等，讲清农业减产、基建规模过大、通货膨胀、城市钞票大量转移到农村、城市人民生活水平下降这五个方面的严重困难，提出财政经济步骤要根据农业首先是粮食增产的速度来决定，"我们工作的基点应该是：争取快，准备慢"，主张从 1960 年算起，用 5 年时间作为国民经济恢复阶段，并提出调整年度计划、减少城市人口、严格管理现金、尽力保证城市人民最低生活需要、尽一切可能促进农业增产等一系列措施。

陈云于 1979 年 6 月写了《同心协力建设好宝钢》一文。他当时是国务院财经委主任，领导经济调整，以解决国民经济比例严重失调问题，面临的一个棘手问题就是在财政和外汇紧张的情况下上海宝山钢铁厂的建设问题。陈云多方了解情况，又到上海实地调研。在文章中陈云介绍了调研情况，提出宝钢干到底，推迟进度，分两期建设，买设备同时买技术、买专利。9 月 18 日，他在财经委汇报会上作了《经济建设要脚踏实地》的讲话，指出："目前人民向往四个现代化，要求经济有较快的发展。但他们又要求不要再折腾，在不再折腾的条件下有较快的发展速度。我们应该探索在这种条件下的发展速度。"在陈云领导下，调整方针得以落实，新时期现代化建设得以稳住阵地再前进。

毛泽东评价陈云"不调查清楚他就不讲话"。也可以说，没有调查研究清楚前陈云也不动笔，动笔写文章就要写得事实清楚，内容翔实，方法明确，论证清晰，富有说服力。

## 要言不烦，文风朴实

陈云工作作风务实，反映在他写文章时，也是条理清晰，简洁明快，不发长篇大论的空洞议论。《陈云文集》收入的《报纸要为广大读者着想》中，他对《人民日报》进行阅评，表扬一些文章简明扼要，建议长文章要简单明了，吸引更多的人来看报。他要求"报纸要为广大读者着想"，"报社的领导和编辑要经常提醒自己：'假如我是读者'，'假如我是一个很忙的读者'"。

《坚持有错必纠的方针》是陈云于 1978 年 11 月在党的十一届三中全会前的中央工作会议上的小组发言。这篇讲话，全文不到 1500 字，开宗明义表示支持工作重点转移到社会主义建设上来，提出"对有些遗留的问题，影响大或者涉及面很广的问题，是需要由中央考虑和作出决定的"。这篇讲话文字不多，但讲的都是全党和全国人民关心的问题，句句切中要害，论证有力，在会上会下都引起很大反响。

陈云于 1981 年 5 月 8 日写的《提拔培养中青年干部是当务之急》，极大促进了干部新老交替与合作。陈云首先讲清问题所在，大批老干部还在党政军第一线工作，因积劳成疾而去世的人越来越多，显然已经不能适应我国近十亿人口大国的繁重领导工作，要"从现在起，就成千上万地提拔培养中青年干部"。陈云回应了老干部的一些疑虑：一是"文革"中有提拔造反派的痛苦教训，陈云表示"我们要提拔的是德才兼备的中青年干部"；二是党内有没有大量这样的中青年干部可供提拔，陈云认为有，"问题是我们没有去提拔，去培养"；三是中青年干部缺乏经验，陈云认为"才干是锻炼出来的，并不是天生的"，而且中青年干部有朝气，多数有专业知识，"他们比我们当年被提升为干部时有更多的长处"。他还就相关工作部署提出比较系统的建议。这篇文章不到 3000 字，但讲问题、提对策、释疑惑、作部署，把提拔中青年干部的紧迫性、可行性分析得十分透彻。

1984 年召开的党的十二届三中全会是一次十分重要的会议，通过了《中共中央关于经济体制改革的决定》，改革重点从农村转入城市，进行全面改革，并明确社会主义经济还是商品经济，是公有制基础上有计划的商品经济。陈云作了重要发言，就是《在党的十二届三中全会上的书面发言》，全篇只有约 1700 字，但把他关于改革的思想表达得十分清楚到位。他认为正在进行的体制改革要打破"大锅饭"，大大调动劳动积极性，解放生产力；肯定对计划体制改革的概括符合目前的实际情况，"现在，

**拓展阅读**

我国的经济规模比五十年代大得多，也复杂得多。五十年代适用的一些做法，很多现在已不再适用"；认为改革涉及范围相当广，广大干部还不很熟悉，在进行中还会出现一些现在难以预见的问题，"必须边实践，边探索，边总结经验"。这些重要的文章，篇幅都很精练，语言都非常朴实自然，道理都讲得那么透彻，效果都那么显著。陈云写文章，注重的是实质内容，而不是形式。文风也是党风。陈云的好文风，永远值得我们学习。

《学习时报》（2022 年 02 月 11 日第 A1 版）